THOMAS BAUER

Warum es kein islamisches Mittelalter gab

THOMAS BAUER

Warum es kein islamisches Mittelalter gab

Das Erbe der Antike und der Orient

C.H.BECK

Mit 12 Abbildungen, davon 11 in Farbe

2. Auflage. 2019

Satz: Fotosatz Amann, Memmingen
Druck und Bindung: GGP Media GmbH, Pößneck
Umschlaggestaltung: Kunst oder Reklame, München
Umschlagabbildung: Ausschnitt aus einem Fußbodenmosaik im Palast des Kalifen Hisham (Khirbat al-Mafjar) nördlich von Jericho, um 743, Foto: Department of Antiquities and Cultural Heritage of Palestine
Gedruckt auf säurefreiem, alterungsbeständigem Papier (hergestellt aus chlorfrei gebleichtem Zellstoff)
Printed in Germany
ISBN 978 3406 72730 6

www.chbeck.de

Inhalt

Ereignisse der islamischen Geschichte sowie die Lebens- und Regierungsdaten von Personen aus islamisch geprägten Gesellschaften werden in der Regel sowohl nach dem islamischen Datum als auch nach dem christlichen angegeben. Dabei steht zuerst das islamische Datum.

Vorwort

Nicht nur Kulturen, auch Bücher haben ihre formativen Perioden, und manchmal dauern diese ernüchternd lange, ehe sie ihr natürliches Ende erreichen. So auch im vorliegenden Fall. Der allererste Ausgangspunkt war Ärger, Ärger über die weit verbreitete Nachlässigkeit, mit der ein Begriff gebraucht wird, der mehr Schaden anrichtet, als sich diejenigen, die ihn verwenden, gewöhnlich bewusst machen. Wir haben gelernt, die Begriffe, mit denen wir über Menschen und Kulturen sprechen, sensibel abzuwägen. Viele alte Bezeichnungen wie «Mohammedaner» oder «Neger» werden mittlerweile penibel vermieden. Der Begriff des «islamischen Mittelalters» ist aber weitgehend unangefochten, auch wenn Marshall Hodgson schon in den 1970er-Jahren fundamentale Zweifel daran angemeldet hatte. Was aber bezeichnet der Ausdruck «islamisches Mittelalter» überhaupt? Welche Folgen hat er für unsere Wahrnehmung islamischer Kulturen der Vormoderne? Welche Konsequenzen hat er für kulturübergreifende Vergleiche?

Zunächst habe ich den Begriff «islamisches Mittelalter» mit Studenten diskutiert, die ihn sofort enthusiastisch und engagiert hinterfragten. Als mich nun Michael Borgolte zu einem Vortrag am 4. Februar 2014 in die Berlin-Brandenburgische Akademie der Wissenschaften nach Berlin einlud, machte ich die Frage «Gab es ein islamisches Mittelalter?» zum Thema. Weniger enthusiastisch war ich, als ich gebeten wurde, den Beitrag für eine kleine Buchreihe zum Mittelalter zu verschriftlichen. Ich befürchtete, dass mein Vortrag zu destruktiv war, um in Buchform hilfreich zu sein. Mittelalterhistoriker wie Michael Borgolte, Wolfram Drews, Almut Höfert und Jenny Oesterle haben eine kulturübergreifende

Sichtweise auf das, was unglücklicherweise noch immer als «Mittelalter» bezeichnet wird, entwickelt, die in vielfacher Hinsicht neue Perspektiven für alle Seiten eröffnet. Wollte man hier den Spielverderber spielen, indem man Westasien kurzerhand in einer anderen Epoche als Europa verortete und damit kulturvergleichende Betrachtungen, zumindest für die Zeit vor 1050, als wenig aussichtsreich erscheinen ließ?

Allmählich zeigten sich aber, nicht zuletzt durch die Ansätze von Garth Fowden und eigene Forschungen zu der Zeit nach 1100, Auswege, die es nicht nur plausibel, sondern sogar geboten erscheinen ließen, auch die Zeit vor 1050 aus übergreifender Perspektive zu betrachten. Dieses Konzept musste nun wiederum auf ein tragfähiges theoretisches Fundament gestellt werden. Die diversen Schichten, aus denen sich der Text jetzt aufbaut, führen zu einer gewissen stilistischen Heterogenität, wechselnd zwischen hoffentlich nicht allzu polemischer Essayistik und hoffentlich nicht allzu trockener Fachwissenschaft, die sich aber doch zu einem Ganzen runden mögen. Das Buch besteht jetzt aus fünf Teilen. Der erste, essayistische Teil widmet sich der Dekonstruktion des Mittelalterbegriffs und zieht eine Bilanz des von ihm angerichteten Schadens. Der zweite Teil liefert einen kurz gefassten Vergleich, der in sechsundzwanzig Begriffen von A bis Z schlaglichtartig die unterschiedliche Entwicklung West- und Mitteleuropas einerseits und Westasiens andererseits während der konventionell als «Frühmittelalter» bezeichneten Periode beleuchtet. Als Drittes folgen Erwägungen darüber, wie eine sinnvolle Periodisierung erfolgen kann, ehe in einem vierten Teil die sogenannte «Blütezeit» des Islams als dessen formative Periode neu definiert wird. Ein Fazit und ein Ausblick schließen als fünfter Teil das Buch ab.

So ist aus meinem Vortrag ein kleines Buch geworden. Dafür, dass sich die Suche nach einem neuen Publikationsort so problemlos gestaltete, danke ich dem Verlag C.H.Beck, insbesondere Herrn Dr. Ulrich Nolte. Für Rat und Anregung danke ich den Mitarbeitern der ALEA-Projektgruppe «Arabische Literatur Elfhundert bis Achtzehnhundert» sowie Frau Privatdozentin Dr. Nefeli Papoutsakis, Frau Dr. Monika Springberg-Hinsen und Herrn Dr. Andreas Neumann.

1. Das «islamische Mittelalter»: Sechs Gründe dagegen

Man vergleiche die beiden folgenden Sätze:

> Karl der Große war ein bedeutender europäischer Herrscher der Tang-Zeit.
>
> Hārūn ar-Rašīd war ein bedeutender nahöstlicher Herrscher des Mittelalters.

Beide Sätze sind gleichermaßen richtig. In der Tat fällt die Regierungszeit Karls des Großen (768–814) in die Zeit der chinesischen Tang-Dynastie (618–907), nicht anders als diejenige des abbasidischen Kalifen ar-Rašīd (786–809), in eine Zeit also, die in Europa unter der Epochenbezeichnung «Mittelalter», genauer: «Frühmittelalter», firmiert. Dennoch würde man Charlemagne nicht als tangzeitlichen Herrscher bezeichnen (ebensowenig wie ar-Rašīd). Die Tang-Zeit, scheint es, ist aus China nicht hinausgekommen. Dort, wo sich keine direkten oder indirekten faktischen Beziehungen zur Tang-Dynastie ergeben, wird der Begriff *tangzeitlich* nicht verwendet.

Mit dem Begriff «Mittelalter» verhält es sich deutlich anders. Er ist zunächst ebenfalls kulturspezifisch, bezeichnet nämlich den Abschnitt der europäischen Geschichte zwischen Antike und Neuzeit. Verwendet wird er aber auch, um mehr oder weniger gleichzeitige Perioden der nahöstlichen (seltener auch der ostasiatischen) Geschichte zu benennen. So enthält etwa der in der populären Reihe «50 Klassiker» erschienene Band *Herrscher des Mittelalters* Kurzportraits von dem genannten Hārūn ar-Rašīd, von Saladin (gest. 1193) und von Mehmet II., dem «Eroberer» (gest. 1481).[1] Ein chinesischer Kaiser ist übrigens nicht dabei. Für einen Historiker der islamischen Welt scheint es einigermaßen verwunderlich, den frühabbasidischen Kalifen ar-Rašīd und den Osmanensultan Mehmet Fatih in ein und derselben Epoche verortet zu sehen. Für den Autor des 50-Herrscher-Bandes und viele seiner Zunftgenossen stellt sich dagegen hier kein Problem. Sie gehen, wie übrigens auch zahlreiche Islamwissenschaftler, ganz selbstverständlich davon aus, dass es ein islamisches Mittelalter gegeben hat, dass es sinnvoll ist, den Begriff *mittelalterlich* zur Kennzeichnung der Kultur, der Literatur, der Wissenschaften sowie der gesellschaftlichen Verhältnisse in der islamischen Welt von Mauretanien bis Indien zu verwenden. Deshalb ist ar-Rašīd ein *mittelalterlicher* Herrscher, aber, genau wie Karl, kein *tangzeitlicher*.

Auch wenn die Anwendung des Begriffes *Mittelalter* auf islamische Gesellschaften von europäischen Wissenschaftlern nur gelegentlich, von US-amerikanischen und arabischen sehr selten und in populärwissenschaftlichen Publikationen so gut wie nie infrage gestellt wird, liegt die Problematik doch deutlich auf der Hand. Im Folgenden seien zunächst fünf Gründe genannt, weshalb die Verwendung des Mittelalterbegriffs, zumindest im Hinblick auf islamische Gesellschaften, vermieden werden sollte. Ein sechster ergibt sich, wenn in einem zweiten Teil gefragt wird, ob es denn während der ersten Jahrhunderte des sogenannten Mittelalters wenigstens genügend Gemeinsamkeiten zwischen den Lebensverhältnissen in Europa und denen im Nahen Osten gegeben hat, um die Einordnung in ein und dieselbe Epoche zu rechtfertigen.

1. Mangelnde Präzision

Auf Kritik am Mittelalterbegriff erhält man häufig die Antwort, dass dieser zwar nicht perfekt, aber doch ungemein praktisch sei. Er habe sich allgemein eingebürgert, und deshalb wisse jeder, der ihn gebraucht, was damit gemeint ist. Wir wissen doch, wovon wir reden, wenn wir *Mittelalter* sagen!

Wissen wir das wirklich? Wann beginnt das Mittelalter überhaupt? Das Ende des Weströmischen Reichs im Jahre 476 kann schließlich nicht für die ganze Welt zur Epochengrenze werden. So eröffnet sich Raum für endlose Diskussionen. Wann beginnt das Mittelalter in Damaskus? Der übliche Vorschlag ist die arabische Eroberung 635, eineinhalb Jahrhunderte später. Wann hört das Oströmische Reich auf, römisch zu sein, um zum «Byzantinischen» Reich und damit mittelalterlich zu werden? War am Ende das Oströmische Reich schon früher mittelalterlich als Damaskus, das aber Teil des Reichs war? Je weiter wir nach Osten kommen, desto schwieriger wird es, eine halbwegs plausible Antwort zu finden. Die Frage, wann das Mittelalter endete, ist auch nicht einfacher zu beantworten. Jacques Le Goff etwa will Renaissance und Frühneuzeit nicht als eigene Epochen werten. Er plädiert vielmehr für ein *sehr* langes Mittelalter, das bei ihm bis in die Mitte des 18. Jahrhunderts reicht.[2]

Das alles sind schlechte Voraussetzungen, um für Klarheit zu sorgen. Ein Beispiel: Im englischsprachigen Raum würde kaum ein Verleger für ein allgemeinverständliches Buch über die Geschichte der Medizin in islamisch geprägten Gesellschaften einen sperrigen Titel wie *History of Medicine in Islamicate Societies before 1600* durchgehen lassen. Allgemein erwartet würde ein Titel wie *Medieval Islamic Medicine*. Das Buch gibt es tatsächlich, es ist ganz ausgezeichnet, und man darf die Autoren nicht für den Titel in Geiselhaft nehmen.[3] Er verdient aber dennoch nähere Betrachtung. Zunächst ist die sogenannte «islamische» Medizin die direkte

Fortsetzung der antiken Heilkunst. Die Ärzte mussten die wichtigsten Werke Galens kennen, sogar den Hippokratischen Eid ablegen und nicht etwa auf den Koran schwören. Galen ist der eigentliche Begründer der «islamischen» Medizin und neben Aristoteles der von Arabern und Persern am intensivsten studierte griechische Autor. Einige seiner Werke sind nur in arabischer Übersetzung überliefert. Galen lebte von 129 bis 216 n. Chr., also lange vor jedem Mittelalter, muss aber natürlich in einem Buch über «islamische» Medizin breiten Raum bekommen. Später haben die arabischen Autoren auch persische und indische Einflüsse aufgenommen, aber in ihrer Essenz ist ihre Medizin eine konsequente Weiterentwicklung der Galenschen. Dies gilt auch noch für Dāwūd al-Anṭākī, einen berühmten blinden Mediziner und Philosophen aus Antiochia, Kenner des Griechischen und geistreichen Schriftsteller, der im Jahr 1599 in Mekka starb. Auch er darf in keiner «Geschichte der islamischen Medizin des Mittelalters» fehlen. Was aber ist das für ein Mittelalter, das von 200 bis 1600 reicht? Für Klarheit sorgt der Begriff *Mittelalter* hier jedenfalls nicht.

Weitere Unklarheit schafft die Bezeichnung *islamisch*. Viele der «islamischen» Mediziner waren gar keine Muslime, sondern Christen und Juden, und außer der populären heilkundlichen Tradition der sogenannten Prophetenmedizin hat die «islamische» Medizin gar nichts Islamisches an sich. Hier wird die Tatsache, dass die *islamische* Kultur als einzige nicht nach einem geographischen Raum benannt wird (weil sie sich über ein so großes, geographisch schwer fassbares Gebiet ausgebreitet hat), vollends zur Irritation. Marshall Hodgson (1922–1968) hat deshalb im Englischen den Terminus *islamicate* geschaffen, um Phänomene der islamischen Welt zu bezeichnen, die nicht direkt mit Religion zu tun haben.[4] Leider ist *islamicate* nicht gut ins Deutsche zu übersetzen und hat sich auch im Englischen bislang nur in akademischen Zirkeln verbreitet. Die Nachbarschaft der Begriffe *Mittelalter* und *islamisch* wirkt aber doppelt explosiv, ist es doch allgemeine Meinung, dass das Mittelalter ein ganz besonders religiöses, ja ein durch und durch religiös fanatisches Zeitalter gewesen sei. Unter diesen Voraussetzungen fällt es schwer, sich die *mittelalterliche islamische Medizin* als fortschrittlichen, säkularen Medizindiskurs vorzustellen, um den es sich aber zweifellos handelt.[5] Wenn man Begriffe überhaupt ernst nimmt, muss man feststellen, dass die *mittelalterliche islamische Medizin* weder mittelalterlich noch islamisch war. Fazit: Der Begriff *Mittelalter* trägt nichts zur Klarheit bei, ganz im Gegenteil.

2. Fehlschlüsse

Damit ist bereits der zweite Punkt angesprochen. Die Bezeichnung *Mittelalter* ist nicht nur unklar, sondern auch mit einer langen Reihe von Vorannahmen verbunden, was denn mittelalterlich sei. Trügerisch ist die Hoffnung, man könne den Mittelalterbegriff retten, wenn man nur in aufopferungsvoller Forschungstätigkeit zeigt, dass die Vorannahmen, die den Begriff kontaminieren, falsch sind. Der Ausdruck selbst beruht auf einer unhaltbaren Prämisse, nämlich der, dass die tausend Jahre zwischen 500 und 1500 eine *einzige* Epoche bilden, die sich stärker von ihren Nachbarepochen Antike und Neuzeit unterscheidet als die Jahrhunderte innerhalb dieser Zeitspanne voneinander. Diese Vorstellung kann nur aufrechterhalten werden, wenn man viele der vielleicht oder tatsächlich falschen Vorannahmen beibehält. Ansonsten würde das Mittelalter so divers werden, so sehr seinen eigentümlichen Charakter verlieren, dass die Prämisse offensichtlich hinfällig wird. Mit anderen Worten: Es kann der Wissenschaft gar nicht gelingen, ein *falsches* Mittelalterbild zu korrigieren, ohne auf den Begriff zu verzichten, da der Begriff genau auf diesem falschen Bild gründet.

Um auf ein Beispiel zurückzukommen, das schon kurz angesprochen wurde: Das Mittelalter gilt als ausgesprochen religiöse, ja als die am stärksten von Religion beherrschte Epoche überhaupt. Man hat dies romantisch verklärt oder als schlimme Verdüsterung des Menschengeists verurteilt, aus der uns erst die Neuzeit erlöst habe. Wie auch immer, das Urteil ist gesprochen, und es ist sicherlich in dieser Verallgemeinerung nicht richtig. Mittelalterliche Bauern, Handwerker und Seefahrer waren wohl auch nicht frömmer als ihre Standesgenossen im neunzehnten Jahrhundert, und die Frühneuzeit mit ihren Reformationen und Religionskriegen war eine religiös aufgeregtere Zeit. Dass man in Indien im Mittelalter (sofern es dort eines gab) religiöser war als heute, ist ebenfalls stark zu bezweifeln.

Wie Albrecht Koschorke feststellt, ist die religiöse Aufladung des Mittelalters eine Nebenfolge der Konstruktion einer aufgeklärten und säkularisierten Moderne. «Wenn die Menschheit wahlweise immer aufgeklärter oder gottloser wird, dann muss sie zuvor unmündiger oder gottesfürchtiger gewesen sein.»[6] Das neunzehnte Jahrhundert war dies sicher nicht. «Mittlerweile wurde in großer Breite belegt, dass das neunzehnte Jahrhundert nicht einmal in Westeuropa, und schon gar nicht im Weltmaßstab gesehen, ein Jahrhundert verminderter religiöser Tätigkeit war.»[7] Aber auch ein Zurückgehen von Epoche zu Epoche liefert nur Bilder religiöser Brüchigkeit. «Das macht es nötig, wenigstens den Menschen des Mittelalters religiöse Geborgenheit zu attestieren.»[8]

Für einen Islamhistoriker stellt sich das Problem aber in verschärfter Form, weil ja nicht nur das Mittelalter, sondern schon islamische Kulturen *per se* als besonders religiös gelten, das *islamische Mittelalter* mithin ein Ausbund des religiösen Fanatismus gewesen sein muss. Tatsächlich wurde und wird dies immer wieder nicht nur von übelwollender Tagespresse, sondern auch von angesehenen Islamwissenschaftlern behauptet. G. E. von Grunebaum stellte 1963 für Muslime und Christen gleichermaßen die Diagnose: «Bis ans Ende des Mittelalters behauptete sich die Religion als das hauptsächliche Interesse des Menschen.»[9] Entsprechend düster ist das Bild, das der renommierte und einflussreiche Gelehrte vom Islam dieser Zeit entwirft:

> Der Islam will das Leben in seiner Ganzheit umgreifen. Er fordert als Ideal ein Leben, in dem von der Wiege bis zum Grabe nicht ein einziger Augenblick im Widerstreit mit der religiösen Norm verläuft, das aber auch keine noch so kurzen Episoden enthält, für die eine religiöse Verhaltensnorm nicht existiert. Die Unterscheidung zwischen wichtigen Handlungen und unerheblichen Einzelheiten des Alltagsdaseins verliert ihre Bedeutung, sobald jeder Schritt als durch göttliches Gebot gestaltet und vorgeschrieben erlebt wird. Die Lebensbezirke, die religiöser Überwachung unterworfen, und jene, die ihr entzogen sind, lassen sich im Islam nicht als heilig und profan trennend beschreiben. Es gibt keinen Bereich, innerhalb dessen unsere Handlungen auf unser Geschick im Jenseits ohne Einfluß blieben.[10]

Dass eine solch absurde Vorstellung von vormodernen islamischen Gesellschaften völlig jenseits der Realität ist und allenfalls für einige asketische Gemeinschaften und Individuen gültig war, hätte auch der umfassend gebildete und belesene Gelehrte einsehen können, wäre es nicht zu einer Kernschmelze zwischen den Begriffen *Islam* und *Mittelalter* gekommen. Tatsächlich kamen in der islamischen Vormoderne die allermeisten Menschen, wie überall sonst auch, ihren religiösen Pflichten mehr oder weniger gewissenhaft nach, allein schon aus sozialer Konformität. Frömmer und von Religion stärker durchdrungen als nichtislamische oder nichtmittelalterliche Menschen waren sie aber nicht. Ganze Lebensbereiche «islamischer» (im Sinne von *islamicate*) Gesellschaften zeigten sich als vollständig oder weitgehend weltlich. Arabische und persische Dichter schufen die großartigste Weindichtung aller Zeiten, selbst ansonsten fromme Religionsgelehrte genossen, ja dichteten frivole, gelegentlich ziemlich obszöne Verse und besangen den Lebensgenuss in schöner Natur inmitten hübscher Jünglinge. Herrscherlobgedichte und Herrscherratgeber waren lange vor Machiavelli so machiavellistisch wie dieser. Persische Maler illustrierten Liebesepen, Glaskünstler gestalteten Weinpokale, Mediziner und Naturwissenschaftler forschten unbeeinflusst von religiösen Dogmen.

Voranahmen über das Wesen des «mittelalterlichen» Islams

wirken sich auch auf die Interpretation von Artefakten aus. So hat etwa die al-Mughīra-Pyxis, eines der bezauberndsten Kunstwerke, die uns aus al-Andalus der Umayyadenzeit erhalten sind, eine ganze Reihe widersprüchlicher Deutungen erfahren. Die Elfenbeinpyxis (15 × 8 cm) wurde im Jahr 357/968 für al-Muġīra, den jüngsten Sohn des Kalifen, wohl in der Hauptstadt der Umayyaden von al-Andalus, Madīnat az-Zahrā' bei Córdoba, geschaffen. Der Musikhistoriker Henry George Farmer stellt das auf Tafel I gezeigte Medaillon unter die Überschrift «Darstellung weltlicher Freuden ‹Musik, Weingenuß und Wohlgeruch›».[11] Einigen Kunsthistorikern schien dies zu hedonistisch, und sie wollten darin lieber eine politische Botschaft sehen. Eine Deutung als Darstellung der Rivalität zwischen den Dynastien der Umayyaden und Abbasiden hat sich in den Medien weitgehend durchgesetzt, weil sie aus heutiger Sicht so plausibel erscheint. Ich halte sie für weniger wahrscheinlich, weil die vom Betrachter aus gesehen rechte Figur offensichtlich gleichrangig mit der linken ist. Erwägenswert ist auch eine astrologische Deutung.[12] Nur eine religiöse Deutung ist ausgeschlossen, obwohl man gerade eine solche bei einer «mittelalterlichen» Repräsentation von Herrschaft erwarten sollte.

Insgesamt zeichnen sich vormoderne islamische Gesellschaften durch eine oft erstaunlich hohe *Ambiguitätstoleranz* aus, also durch die Fähigkeit der Menschen, Mehr- und Vieldeutigkeit nicht nur hinzunehmen, sondern auch als Bereicherung zu empfinden, verschiedene, selbst schwer miteinander in Einklang zu bringende Auslegungen der normativen Texte nebeneinander bestehen zu lassen, Widersprüchliches und Gegensätzliches auszuhalten, ein Nebeneinander unterschiedlicher Weltsichten zu ertragen.[13] Einiges davon wird später noch ausführlicher thematisiert werden. Hier sei schon einmal festgehalten: Der Begriff *islamisch* ist schon irreführend, wenn er eine Kultur und nicht eine Religion bezeichnen soll, führt aber vollends zur Katastrophe, wenn er zusammen mit dem Wort *Mittelalter* erscheint. Ergebnis ist die, wie ich es anderswo genannt habe, *Islamisierung des Islams*, die ein Konnotationsknäuel erzeugt, das auch von den tapfersten Wissenschaftlern nicht mehr entwirrt werden kann.[14]

3. Mögliche Herabsetzung

«Mittelalter» war nie ein unschuldiger Begriff. Von Anfang an schwang die diffamierende Absicht mit, die lichte Welt der Antike und die wiedererleuchtete der Renaissance einem Zeitalter der Finsternis entgegenzusetzen. Ohne diese Absicht hätte sich der Begriff nicht durchgesetzt. Seine negative Konnotation ist nicht erst später hinzugekommen, sondern war ihm von Anfang an eingeschrieben. Dass diese Konnotation zu Fehlschlüssen über die als Mittelalter bezeichnete Epoche führt, wurde schon erwähnt. Dank seines Diffamierungspotentials kann der Begriff aber auch *epochenunabhängig* verwendet werden. Je deutlicher es ist, dass er ohne realen zeitlichen Bezug verwendet wird, desto wirkungsvoller ist die Diffamierung.

Den *locus classicus* liefert *Der Spiegel* vom 12. Februar 1979, der kurz nach dem Sturz des Schahs und der Rückkehr Ayatollah Chomeinis nach Iran am 1. Februar erschien. Das Titelbild zeigt einen säbelschwingenden Krieger auf einem Pferd, hinter ihm eine Frau, die komplett in ein tschadorartiges Gewand eingewickelt ist. Der Titel lautet: «Zurück ins Mittelalter», der Untertitel: «Iran: Der Islam fordert die Macht». Im Heft lesen wir dann: «Etwas Wundersames vollzieht sich da vor den Augen des immer noch fortschrittsgläubigen Westens wie der fortschrittsgierigen Dritten Welt: An der Schwelle zum 21. Jahrhundert scheint das 35-Millionen-Volk der Perser, gerade erst von der Despotie eines maßlosen Emporkömmlings befreit, mittels einer religiösen Zeitmaschine um 1300 Jahre zurück in die islamische Urgesellschaft zu fliegen, treten religiöse Dogmatiker mit dem Anspruch auf, weltliche Herrschaft zu erobern.»[15]

«Zurück ins Mittelalter»: «Der Spiegel» Nr. 7 vom 12. Februar 1979 deutet die Iranische Revolution als Rückkehr in ein nie ganz überwundenes islamisches Mittelalter.

Hier sind alle Klischees beieinander: Das Mittelalter ist das Gegenteil von Fortschritt. Es ist alles sehr religiös, und eine Trennung von Religion und weltlicher Macht gibt es nicht. Das stimmt zwar historisch nicht, aber mit dem *Mittelalter* ist ja auch keine reale Epoche gemeint, sondern ein überzeitliches Phänomen der Rückständigkeit und des religiösen Fanatismus. Deshalb können zum Beispiel auch die USA zurück ins Mittelalter, obwohl es, wie selbst die eifrigsten Verfechter des Begriffs nicht leugnen werden, zumindest in den USA kein Mittelalter gegeben hat. Als Donald Trump aber meinte, Foltermethoden wie Waterboarding seien effizient und ihr Einsatz gegen Terroristen sei gerechtfertigt, entgegnete die *Westfalenpost*: «Trump will die Barbarei bekämpfen – und greift selbst zu barbarischen Mitteln. Amerika ist auf dem Weg zurück ins Mittelalter, weil es andere, wie der Islamische Staat, auch sind.»[16]

Es bedarf keiner langen Suche, um zahllose weitere Belege für einen derartigen Gebrauch des Begriffs und des «Zurück-ins-Mittelalter»-Diskurses zu finden. Schnell landet man auf antiislamischen Hass-Seiten im Internet, in denen wir etwa erfahren, dass aus Deutschland «binnen weniger Jahre ein muslimisches Land wird, ein Land, in dem eine Art islamisches Mittelalter Einzug hält, die Frauen Kopftücher tragen müssen, die Männer brutale, ungehobelte Machos sind, Frauen rechtlos sind, das Faustrecht auf den Straßen herrscht, Meinungs- und Pressefreiheit nicht mehr zählt, die Despotie die Demokratie verdrängt, Beten wichtiger ist als Arbeiten, Fanatiker unser Leben bedrohen».[17] Natürlich sind solche Aussagen an Absurdität schwer zu überbieten, was vielen ihrer Leser auch bewusst sein dürfte. Sie zeigen aber, wie vergiftet der Begriff gerade im Zusammenhang mit dem Islam ist.

Das Mittelalter ist allerdings nicht vollständig negativ konnotiert. So finden sich auch Internetseiten, die ihren Lesern ein ganz wunderbares «Zurück-ins-Mittelalter»-Erlebnis versprechen. Aber diese Seiten, die Ritteressen, Mittelaltermärkte und ähnliche Spektakel ankündigen, haben immer Europa im Blick. Ein Zurück ins islamische Mittelalter ist dagegen stets ein Sturz in den Abgrund.

4. Exotisierung

Wie Valentin Groebner in seinem Essay *Das Mittelalter hört nicht auf* zutreffend feststellt, war das Mittelalter «zu keiner Zeit ein sicher begrenzter und eingezäunter Ort in der Vergangenheit», sondern vielmehr «ein Werkzeugkasten oder eine Spielzeugschachtel von Instrumenten und Materialien, mit denen man Kontraste herstellen kann, neue Argumente aus alten bauen, vermeintliche Kontinuitäten neu zusammensetzen und wieder auseinandernehmen und rekombinieren.» Deshalb bleibe das Mittelalter immer auch eine «Chiffre für Alterität – und zwar im Sinn jener Begriffsprägung, die wir bei Petrarca und den Humanisten kennengelernt haben: als jene urtümliche, dunkle Periode, die das zivilisierte Europa hinter sich habe, in der sich andere aber noch befänden». So spreche auch der Historiker Emmanuel Le Roy Ladurie von einem «deeply medieval Ruhollah Khomeini».[18] Die Ferne des «Orients» ist zunächst geographisch bedingt (obwohl er mit modernen Verkehrsmitteln nicht schwer zu erreichen ist). Der Mittelalterbegriff bringt ihn aber auch noch in eine zeitliche Ferne: «Das Mittelalter, das sind die Anderen.»[19]

Das Faszinierende am Mittelalterbegriff ist nun, dass er die Anderen gleichzeitig zu den Eigenen machen kann. Die Tangzeit ist nur da, wo China ist. Also ist Karl der Große nicht tangzeitlich. Im Prinzip sollte es sich mit dem Mittelalter ebenso verhalten. Es ist (ursprünglich) nur da, wo Europa ist, also nicht bei den Maya und den Azteken und nur selten in China. Wenn wir den Begriff aber auf die islamischen Gesellschaften des Nahen Ostens und Mittelasiens anwenden, usurpieren wir diese Kulturen für die eigene Geschichte, die dadurch zum universalen Modell gemacht wird. Der Begriff Mittelalter *distanziert* und *usurpiert* also gleichzeitig, wovon im folgenden Abschnitt ausführlicher die Rede sein soll.

Vorher soll noch kurz ein anderes Exotisierungsphänomen, ein noch älterer Fall von *othering,* angesprochen werden: das Byzantinische Reich. Heute geht man zunehmend dazu über, Völker, Länder und Religionen mit ihren Eigenbezeichnungen zu nennen, anstatt ihre oft (zumindest ursprünglich) diffamierenden Fremdbezeichnungen zu verwenden. Aus Obervolta ist Burkina Faso geworden, Berber wollen Amazigh genannt werden, der Begriff Zigeuner ist weitgehend verschwunden, und bei den Monophysiten setzt sich die korrektere Bezeichnung Miaphysiten allmählich durch. Die Byzantiner (und das islamische Mittelalter) gibt es dagegen immer noch. Allerdings hat kein Herrscher in Byzanz je geglaubt, er sei byzantinischer Kaiser, ja er hätte gar nicht verstanden, was damit gemeint sein soll. Alle verstanden sich und waren legitimerweise nichts anderes als *römische* Kaiser. Auch die Araber nannten Byzanz nie anders als *Rūm*, und selbst Mehmet Fatih nahm nach seiner Eroberung von Konstantinopel (das übrigens erst unter Atatürk offiziell zu Istanbul umbenannt wurde) den Titel *Kaysar-e Rūm* an, Kaiser von Rom. Nachdem man im Westen wieder einen eigenen Kaiser hatte, tat man zunächst das Oströmische Reich ab, indem man despektierlich von den «Griechen» sprach, ein Sprachgebrauch, der so lange gut ging, wie sich Europa nicht nur zum alleinigen Erben des Römischen Reichs stilisierte, sondern zum einzig legitimen Erben der Antike schlechthin, mithin auch zu dem der Griechen. Später, wohl im Laufe des 18. Jahrhunderts, mussten nicht nur das Oströmische Reich, sondern auch noch das griechische Kaisertum zum Verschwinden gebracht werden. Dies gelang durch die Erfindung des Terminus *byzantinisch*, nach dem Namen eines Ortes, der zu «byzantinischer» Zeit gar nicht mehr so hieß, sondern zu Konstantinopel geworden war. Der Begriff *Byzanz* ließ sich nun leicht mit all jenen negativen Konnotationen aufladen, die bald auch das «islamische Mittelalter» erhalten sollte. Westeuropa hatte es damit endgültig geschafft, sich terminologisch als Alleinerbe der Antike auszugeben.

5. Imperialistischer Beiklang

Dass der Begriff *Mittelalter* zutiefst eurozentrisch ist, versteht sich von selbst. Schließlich ist er in Europa für spezifisch europäische Verhältnisse geprägt worden, und hier wurde beschlossen, in der Historiographie die Epochen Europas als universell gültig und wichtig anzusehen und nicht diejenigen Chinas. Doch es kommt etwas hinzu, das dem Begriff aktuelle politische Brisanz verleiht. Indem anderen Kulturen gerne, ob berechtigt oder nicht, ein Mittelalter welcher Art auch immer zugeschrieben wird, geht diese Zuerkennung oft mit einer Verweigerung von Neuzeit und Moderne einher.[20]

Wir haben bereits gesehen, dass es sehr leicht ist, ins Mittelalter hineinzukommen, sei es von hinten oder von vorne. Umso schwerer ist es aber offensichtlich, aus dem Mittelalter wieder herauszukommen. 1983 hieß es in der *Zeit*: «Noch vor 20 Jahren war Mittelalter im Nordjemen. Seither hat sich das Land, auch mit deutscher Hilfe, um Anschluss an die moderne Welt bemüht.»[21] Vollends war der Jemen 1983 offensichtlich noch nicht in der Moderne angekommen, aber immerhin «um Anschluss bemüht». Heute, so muss man annehmen, ist der Jemen durch Saudisches Bombardement längst wieder zurück im Mittelalter.

Dass der Weg in die Moderne hart ist, dass der Islam irgendwo «zwischen Mittelalter und Moderne» steht, jedenfalls nicht «in der Moderne angekommen» ist, ist zu einem Topos geworden. Ein halbes Dutzend Beispiele mögen genügen: «Saudi-Arabien: Zwischen Mittelalter und Moderne» (Birgit Görtz 2011),[22] «Islam zwischen Moderne und Mittelalter» (Jan Keetman 2007),[23] «Der schwierige Weg des Islam in die Moderne» (gleichlautend bei der Hanns-Seidel-Stiftung in einem Beitrag über Abdel-Samad 2011 und, zu einem anderen Thema, Knut Krohn in der Stuttgarter Zeitung 2016),[24] «Der Islam ist nicht in der Moderne angekommen» (Necla Kelek 2010),[25] «Was dem Islam zur Moderne fehlt» (2011 über eine Vortragsreihe der Freien Universität Berlin),[26] und schließlich fragt ein Kardinal der auch nicht immer an der Spitze des Fortschritts marschierenden katholischen Kirche: «Kann der Islam sich moderne Werte aneignen?»[27]

Wie Reinhard Schulze in Auseinandersetzung mit einem Text des Politologen Bassam Tibi pointiert formuliert, ist die Konsequenz eines derartigen Diskurses, «die islamische Welt prinzipiell aus der Geschichte der Neuzeit auszugliedern, da sie von einer Religion determiniert sei, welche nicht dem ‹politisch-ideologischen Prozeß› unterworfen wurde, der Europa zu ‹einer geschichtlichen Idee› gemacht habe. Da, so die Postulate, der Islam weder ‹Aufklärung, Reformation, noch französische Revolution› erfahren habe, welche das ‹Reflexiv-Werden des religiösen Glaubens und die Entfesselung der subjektiven Freiheit› möglich gemacht hätten, sei er eine ‹vormoderne Kultur› und damit aus der Weltgemeinschaft der Neuzeit ausgeschlossen.»[28]

Während das Mittelalter überall sein kann, ist die Moderne zunächst eine europäische Errungenschaft, die überwiegend als positiv und erstrebenswert betrachtet wird und die sich andere Erdteile erst mühsam erarbeiten müssen – falls sie dazu überhaupt imstande sind und nicht durch eine mit der Moderne nichtkompatible Religion daran gehindert werden. Dass die totalitären Ideologien, Kolonialismus sowie der Holocaust ebenfalls von der Moderne hervorgebracht wurden und das zwanzigste Jahrhundert zum blutigsten der Weltgeschichte werden ließen, wird dabei ausgeblendet. So erweist sich die Vermittelalterlichung der übrigen Welt als imperialistische Strategie, eine westliche Deutungshoheit über die globale Moderne aufrechtzuerhalten.

Wir haben es bei diesem Mittelalterbegriff nicht nur mit bedauernswerten Vorurteilen zu tun, die die Wissenschaft irgendwann ausräumen wird, sondern mit Weltbildern, die handfeste politische und gesellschaftliche Konsequenzen nach sich ziehen. Ein Beispiel ist etwa die Frage, ob die Türkei Teil der Europäischen Union sein soll. Im Jahre 2004, als die Aufnahme der Türkei in die EU plausibler schien als sie es heute ist, nahm auch Altbundeskanzler Helmut Schmidt dazu Stellung. Der Titel seines Beitrags: «Sind die Türken Europäer? Nein, sie passen nicht dazu» lässt an Deutlichkeit nichts zu wünschen übrig. Sein Hauptargument:

> Im Islam fehlen die für die europäische Kultur entscheidenden Entwicklungen der Renaissance, der Aufklärung und der Trennung zwischen geistlicher und politischer Autorität. Der Islam hat auch des-

halb – trotz 500 Jahren osmanischer Expansion – in Europa nicht Fuß fassen können.[29]

Schmidt schließt hier an eine gerade im Zusammenhang mit dem Islam häufig vertretene Ansicht an, wonach man überhaupt nicht direkt vom Mittelalter in die Moderne kommen könne. Erst müssten nämlich auch alle Zwischenstufen wie Renaissance und Aufklärung nachvollzogen werden. Mit anderen Worten: Der vollständige Nachvollzug der europäischen Geschichte ist der einzige Weg zur Moderne. Kein Wunder, dass im Reformationsjahr 2017 wieder einmal darüber diskutiert wurde, ob «der Islam» einen Martin Luther brauche.

Im gleichen Jahr 2004 und in der gleichen Debatte über den EU-Beitritt der Türkei bezeichnete der Soziologe Jürgen Gerhards eine Position, wie sie Helmut Schmidt vertrat, als «historischen Substantialismus»:

> Als historische Substantialisten kann man diejenigen Autorinnen und Autoren bezeichnen, die inhaltliche Merkmale der kulturellen Besonderheit Europas meist mit Bezug auf die Geschichte definieren und daraus Mitgliedschaftskriterien ableiten. Manche Beobachter sehen die kulturelle Besonderheit in den besonderen geisteshistorischen Wurzeln Europas begründet, die von der jüdisch-griechisch-römischen Antike über die Renaissance, die Aufklärung bis hin zum modernen Wissenschaftsverständnis reichen. Gesellschaften, die nicht in dieser geisteshistorischen Traditionslinie stehen, wie beispielsweise die Türkei, passten folglich nicht zu Europa.[30]

Interessanterweise kommt in dieser Sichtweise das Mittelalter überhaupt nicht vor. Hier geht die Antike unmittelbar in die Renaissance über. Das Mittelalter scheint für die Moderne nicht konstitutiv zu sein. Dagegen ist der Islam nur mittelalterlich und eben deshalb auch nicht modernekonstitutiv. Man könnte dies schematisch folgendermaßen darstellen:

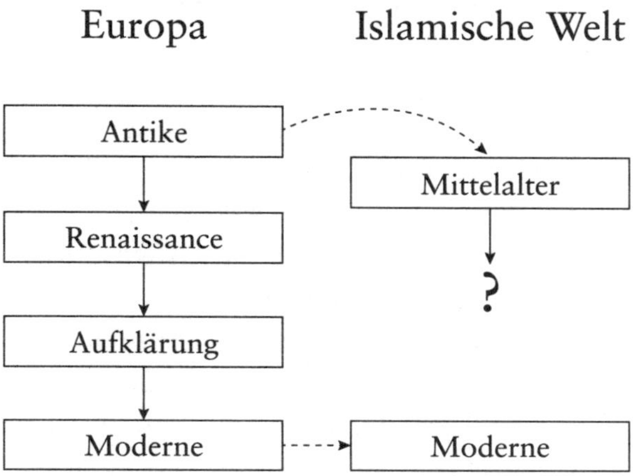

Während sich Europa durch Antike, Renaissance, Reformation, Aufklärung und Moderne definiert, wird das Mittelalter gewissermaßen ausgelagert, nämlich in die islamische Welt. Ganz im Sinne des neunzehnten Jahrhunderts wird deren welthistorische Mission vor allem darin gesehen, das in der Krisenzeit des Frühmittelalters verloren gegangene Wissen der Antike zu bewahren und dem Abendland weiterzuvermitteln. Während das Abendland sein antikes Erbe auf diese Weise wiederentdecken und kreativ weiterentwickeln kann, bleibt der Orient im Mittelalter verhaftet. Zeitliche Abfolgen werden in eine kulturelle Geographie übersetzt, eine Idee, die letztlich auf Hegel zurückgeht. «Was sich nach Westen hin als Fortschrittsgeschichte gibt», schreibt Elmar Holenstein in seinem *Philosophie-Atlas*, «erscheint nach Osten hin als eine Stagnationsgeschichte. Von Hegels Standort aus ist es deshalb für die zurückgebliebenen Kontinente ‹das notwendige Schicksal›, daß sie von Europa bevormundet werden.»[31]

Der Mittelalterbegriff ist kein isoliertes Problem. Er wirkt sich unmittelbar auf die Vorstellung aus, die wir von der Moderne haben, und hat deshalb unmittelbare Folgen für politisches Handeln. Zwar gibt es längst verschiedene, durchaus kontroverse Ansätze, die Moderne zu fassen, etwa Shmuel N. Eisenstadts Konzept von *multiple modernities* (auf das kritisch einzugehen hier nicht der Ort ist).[32] Dennoch erweist sich ein vom Hegelschen Geschichtsmodell ausgehendes Moderne-Modell sowohl im Verständnis der Allgemeinheit als auch in weiten Teilen der Wissenschaft als überraschend zählebig. Danach kann eine Gesellschaft in die Moderne nur dann kommen, wenn sie entweder die europäischen Entwicklungsschritte Renaissance, Reformation und Aufklärung selbst nachvollzieht oder die westliche Moderne ohne Wenn und Aber übernimmt, und sei es durch militärische Intervention. Die «Vermittelalterlichung» Afghanistans und des Irak hat sicherlich dazu beigetragen, die US-Interventionen plausibler erscheinen zu lassen.

6. Ein Begriff ohne sachliche Grundlage

Inzwischen verkennen auch Europahistoriker die Problematik des Begriffs *Mittelalter* nicht. So dürfte sich heute schwerlich ein Historiker finden lassen, der tatsächlich glaubt, die Zeit von 500 bis 1500 stelle eine eigenständige, relativ einheitliche Epoche dar. Noch weniger wird jemand ernsthaft behaupten, es habe sich um eine finstere Epoche gehandelt, die erst Luther und Kolumbus mit dem Licht der Neuzeit erleuchteten. Auch wenn Historiker (nicht jedoch weite Teile der Allgemeinheit) über solche Mittelalterklischees hinausgewachsen sind, so hoffe ich doch gezeigt zu haben, dass der Begriff für einen Islamhistoriker noch um eine Dimension problematischer ist. Trotzdem wird der Ausdruck «islamisches Mittelalter» – meist ohne großes Nachdenken – häufig verwendet, weil er angeblich so praktisch ist. Ist das aber eine ausreichende Rechtfertigung, wenn man bedenkt, dass dieser Begriff ungenau ist, zu Fehlschlüssen führt, diffamierend sein kann, die islamische Welt exotisiert und gleichzeitig einen politischen Hegemonieanspruch über sie ausdrücken kann?

Unter diesen Umständen scheint mir die Verwendung des Begriffs nur gerechtfertigt zu sein, wenn gewichtige sachliche Gründe für die Etablierung einer Epoche als *islamisches Mittelalter* vorliegen. Die erste Voraussetzung hierfür wäre, dass es ein europäisches Mittelalter von etwa 500 bis 1500 gegeben hat, weil alle anderen Epocheneingrenzungen davon abgeleitet sind. Wie die meisten Europahistoriker glaube ich das nicht, doch sei fürs Erste stillschweigend angenommen, dass zumindest diese Voraussetzung erfüllt ist.[33]

Die zweite Voraussetzung ist, dass in der als Mittelalter zu bezeichnenden Zeit eine hinreichende Ähnlichkeit der Lebensverhältnisse in europäischen und islamischen Gesellschaften bestanden hat. Der Begriff «Epoche» definiert einen Zeitraum, in dem es einerseits eine große Zahl charakteristischer Gemeinsamkeiten in den materiellen, mentalen und kulturellen Lebensverhältnissen gibt, andererseits eine Reihe auffälliger Merkmale, die die jeweilige Epoche von ihren Vor- und Nachfolgern abgrenzen (wenn wir, wie im vierten Teil dargelegt, von Übergangsperioden absehen). Bloße Gleichzeitigkeit alleine macht noch keine Epoche. Wenn wir den Tag, an dem Karl der Große zum Kaiser gekrönt wurde, dem Mittelalter zurechnen, heißt das nicht, dass der 25. Dezember 800 auch in Bagdad, Kanem, Kyōto und Tikal Mittelalter war. Gleichzeitigkeit allein muss nicht auf ähnliche Lebensverhältnisse und gleichgestimmtes Wahrnehmen, Denken und Fühlen hinweisen. Merkwürdigerweise wird dies für die früheren Kulturepochen postuliert («der Mensch des Mittelalters»), aber für die neueren geleugnet («leben noch im Mittelalter»), während es sich realiter genau umgekehrt verhält: Die Globalisierung hat zu einer Annäherung der Lebensverhältnisse und des Wahrnehmens, Denkens und Fühlens geführt, wie sie historisch einmalig ist, während die Welt im Jahre 800 von Gegensätzen geprägt war, die heute schier unbegreiflich geworden sind. Schon 1925 hat Stefan Zweig die «Monotonisierung der Welt» beschrieben und damit Argumente für die Etablierung der Moderne als der ersten *globalen* Epoche geliefert:

«Stärkster geistiger Eindruck von jeder Reise in den letzten Jahren, trotz aller einzelnen Beglückung: ein leises Grauen vor der Monotonisierung der Welt. Alles wird gleichförmiger in den äußeren Lebensformen, alles nivelliert sich auf ein einheitliches kulturelles Schema. Die individuellen Gebräuche der Völker schleifen sich ab, die Trachten werden uniform, die Sitten international. Immer mehr scheinen die Länder gleichsam ineinandergeschoben, die Menschen nach einem Schema tätig und lebendig, immer mehr die Städte einander äußerlich ähnlich», und «nie war dieser Niedersturz in die Gleichförmigkeit der äußeren Lebensformen so rasch, so launenhaft wie in den letzten Jahren. Seien wir uns klar darüber! Es ist wahrscheinlich das brennendste, das entscheidenste Phänomen unserer Zeit. [...]
Konsequenzen: Aufhören aller Individualität bis ins Äußerliche. Nicht ungestraft gehen alle Menschen gleich angezogen, gehen alle Frauen gleich gekleidet, gleich geschminkt: die Monotonie muß notwendig nach innen dringen. Gesichter werden einander ähnlicher durch gleiche Leidenschaft, Körper einander ähnlicher durch gleichen Sport, die Geister ähnlicher durch gleiche Interessen. Unbewußt entsteht eine Gleichhaftigkeit der Seelen, eine Massenseele durch den gesteigerten Uniformierungstrieb, eine Verkümmerung der Nerven zugunsten der Muskeln, ein Absterben des Individuellen zugunsten des Typus.»[34]

Für Stefan Zweig, der außer Europa auch Indien, Ceylon, Südostasien, Kuba und Kanada bereist hatte, befanden sich diese Länder zweifellos in derselben weltgeschichtlichen Epoche, weil sich (durchaus zu seinem Bedauern) die Menschen und ihre Lebensverhältnisse so sehr glichen. Doch gilt dies auch für die Zeit des Mittelalters? Gibt es genug Gemeinsamkeiten, um von einer einzigen Epoche Mittelalter zu sprechen, die sowohl Europa als auch Nordafrika, den Nahen Osten, Mittel- und Zentralasien vereint? Gibt es Gründe, die dafür sprechen, den Begriff «Mittelalter» für die islamische Welt für geeigneter zu halten als etwa die Bezeichnung «islamische Tangzeit»?

Anders gefragt: Hat sich das Ende der Antike, mit dem man das europäische Mittelalter beginnen lässt, im islamisch geprägten Raum auf ähnliche Weise vollzogen wie im Westen und eine parallele Entwicklung eingeleitet? Oder waren die Lebensverhältnisse dort im siebten, achten, neunten und zehnten Jahrhundert doch denen der chinesischen Tangzeit ähnlicher, so dass man also nicht von einem islamischen Mittelalter sprechen könnte? Wie gerechtfertigt ist der Anspruch der historischen Substantialisten, Europa als alleinigen Erben der Antike zu stilisieren und dem Islam die Renaissance abzusprechen?

2. Orient und Okzident im Vergleich: Von «Analphabetismus» bis «Ziffern»

Um einen Epochenbegriff, der für eine bestimmte Kultur oder Region verwendet wird, auf eine andere zu übertragen, reicht Gleichzeitigkeit allein nicht aus. Sonst könnte man ohne Weiteres vom tangzeitlichen Aachen oder vom mittelalterlichen Mexiko sprechen. Dies bedeutet wiederum, dass es sachliche Übereinstimmungen geben muss, die es rechtfertigen, den ursprünglich für die europäische Geschichte geprägten Begriff «Mittelalter» auf die nahöstliche Geschichte zu übertragen. Eine solche sachliche Übereinstimmung läge dann vor, wenn sich das Ende der Antike in Europa und im Nahen Osten auf eine ähnliche Weise vollzogen und eine parallele Entwicklung eingeleitet hätte.

Genau dies soll im Folgenden nachgeprüft werden: Gibt es im Mittleren Osten (Ägypten, Palästina, Syrien, Mesopotamien, Iran) eine Entwicklung, die in auffälliger Weise derjenigen entspricht, die in den Gebieten des Weströmischen Reiches den Übergang von der Antike zum Mittelalter markiert? Dabei spielt es für die Überlegungen keine Rolle, ob sich dieser Prozess in Form einer allmählichen «Transformation der Spätantike» vollzogen hat oder eher – wie es in jüngeren Veröffentlichungen wieder stärker akzentuiert wird – in Form eines Bruches, den der «Untergang des Römischen Reichs»[1] anzeigt. Entscheidend ist hier nur die Frage, ob sich die Lebensverhältnisse in beiden Regionen während der Zeit, die gewöhnlich als die Endphase der Spätantike und als darauffolgendes Frühmittelalter bezeichnet wird (also etwa zwischen dem fünften und der Mitte des elften Jahrhunderts), in gleicher Weise wandelten.

Da ein solcher Vergleich nicht in Form einer umfassenden Untersuchung aller Lebensbereiche durchgeführt werden kann, wurden sechsundzwanzig Beispiele ausgewählt – für jeden Buchstaben des Alphabets eines. Der Wechsel von Dynastien und Machtverhältnissen und die jeweiligen Konzeptionen von Staat und Herrschaft, die sonst gerne für Epocheneinteilungen herangezogen werden, bleiben zunächst ausgeblendet (kommen aber im dritten Teil zu ihrem Recht). Stattdessen wurden Begriffe gewählt, die jeweils ein wichtiges Phänomen der Alltags-, Sozial-, Kultur- und Mentalitätsgeschichte bezeichnen. So entsteht ein Raster, ein «A–Z des Mittelalters», das es erlaubt, ein Urteil über die Vergleichbarkeit oder Nichtvergleichbarkeit der Entwicklung in beiden Regionen zu fällen.

A

Analphabetismus war von der Spätantike an im Westen der Normalfall, Lese- oder gar Schreibkenntnisse waren die ganz große Ausnahme. Es «kümmerte sich keiner der Höherstehenden, welcher Herkunft er auch sein mochte, mehr um eine umfassende lateinische Bildung. [...] Das führte dazu, daß im Jahr 600 nur noch Geistliche schreiben konnten, während die Eliten dazu neigten, damit zufrieden zu sein, daß sie gerade einmal lesen konnten, vor allem die Bibel; das Schreiben sahen sie nicht mehr als wesentlichen Teil ihrer Identität an.»[2] Dagegen war ein Analphabet als Kalif unvorstellbar. Literarisch gebildet, versuchten sich viele von ihnen selbst als Dichter. Lese- und Schreibkenntnisse müssen spätestens im neunten und zehnten Jahrhundert sogar in Handwerkerkreisen weit verbreitet gewesen sein, wie die zahlreichen Literaten, die dieser Schicht entstammen, zeigen.

Eine ebenso deutliche Sprache sprechen die ägyptischen Papyri, die vom achten Jahrhundert an bezeugen, dass selbst banale Alltagsgeschäfte wie der Verkauf von Viehfutter *schriftlich* beurkundet wurden – in Europa zu dieser Zeit ganz undenkbar. Tafel II zeigt einen Papyrus aus dem Jahr 135/753, der den Verkauf von Futter für Lasttiere auf der Vorderseite und von verschiedenen landwirtschaftlichen Erzeugnissen (Klee, Gerste) sowie Lasttieren auf der Rückseite dokumentiert.[3]

Der westliche Bildungsrückstand war noch während der Kreuzzüge deutlich spürbar. Waren die meisten Kreuzritter Analphabeten, so kämpfte auf der Gegenseite Usāma ibn Munqiḏ (488–584/1095–1188), Herr der Burg Šayzar am Orontes, nordwestlich von Hama. Seine umfassende Bildung war typisch für seine Standesgenossen, aber dass er neben all seinen heldenhaften Kämpfen noch Zeit fand, seine Memoiren, eine Sammlung von Gedichten, diverse literarische Anthologien und ein (wenngleich vielfach kritisiertes) Handbuch der arabischen Stilistik zu schreiben, ist dennoch bemerkenswert. Auf fränkischer Seite gibt es dazu keine Parallele. Im Gefolge der «Buchrevolution» des neunten und zehnten Jahrhunderts, die Bücher für eine breitere Leserschaft immer erschwinglicher machte, setzte eine «Leserevolution» ein. Konrad Hirschler kam bei der Untersuchung des Leseverhaltens und der Bibliotheken im zwölften und dreizehnten Jahrhundert zu dem Schluss, dass in Städten wie Damaskus und Kairo die Prozentzahl der Lesekundigen deutlich im zweistelligen Bereich lag.[4] Immerhin war dies die Zeit, in der auch in Europa Lese- und Schreibkenntnisse wieder höher geschätzt wurden.

B

Bäder, das heißt öffentliche Bäder in Form von Thermen, waren unverzichtbare Bestandteile der antiken Stadt. Als monumentale Anlagen verschwanden sie überall. Im Nahen Osten wurden die alten Thermen oft neuer Nutzung zugeführt, in Baysān etwa dienten sie der Textilherstellung und Färberei, wozu sie sich durch ihre ausgebaute Wasserzu- und abfuhr ausgezeichnet eigneten. Es waren zwar auch noch im zehnten Jahrhundert vereinzelt alte Badeanlagen in Betrieb, aber schon in der vorislamischen Spätantike hatte sich allmählich eine kleinere Form des Bades durchgesetzt, die unverändert in islamischer Zeit im ganzen Nahen Osten und darüber hinaus fortlebte. «Mit der Institution selber hatte die islamische Stadtkultur auch die Grundrißformen des Bades aus der Spätantike übernommen.»[5] Das Grundrissschema, «ein großer zum Umkleiden und Ausruhen bestimmter Saal, eine kleinere (meist) ungeheizte Abteilung, zwei kleinere geheizte Abteilungen, findet sich bis in die ausgehende Mamlukenzeit in Syrien und war auch in Spanien und im Maghrib üblich».[6] «Die Bauformen, die aus den gegenüber der klassischen Antike geänderten Badegewohnheiten resultieren [...], liegen in den umayyadischen Bädern abgeschlossen vor. Doch haben deren Bauherren diese Formen bereits so vorgefunden. Schon im 5. Jh. waren in Syrien Bäder nach dieser Konzeption gebaut worden.»[7]

In islamischer Zeit wurden überall neue öffentliche Bäder gebaut, und neugegründete Städte, selbst ländliche Siedlungen, wurden wie selbstverständlich mit Bädern ausgestattet.[8] «Auch die kleineren Städte, wenigstens im syrischen Raum, besaßen alle Bäder, sogar die Dörfer um Damaskus hatten [...] über Jahrhunderte hinweg mindestens ein Bad. In Zeiten zurückgehenden Wohlstandes nahm dagegen auch in großen Städten die Zahl der Bäder rasch ab.»[9] Auch die Ausstattung der Bäder mit kostbaren Mosaiken setzte antike Traditionen fort, und trotz der Bedenken einiger Frommer wurden die Bäder (vereinzelt noch bis ins neunzehnte Jahrhundert) mit Bildern, auch mit Bildern von Menschen und Tieren, teilweise gar mit Statuen versehen, weil die Leute danach verlangten und in ein bilderloses Bad ungern gegangen wären.[10]

Man kann es sich nicht intensiv genug vor Augen führen: In Paris, Trier und Rom ging irgendwann niemand mehr in ein öffentliches Bad, weil es keines mehr gab. In Damaskus und Aleppo unterbrach die arabische Eroberung diese Alltagsroutine nicht. Dort ging man *immer* ins öffentliche Bad. Gerade an solchen alltäglichen Verrichtungen zeigt sich, dass die arabische Eroberung und allmähliche Islamisierung des Nahen Ostens in vielen Bereichen keinen erkennbaren Bruch in den Lebensverhältnissen der Menschen darstellte. «Vieles, was im Mittelalter für Bad und Baden in Syrien und Ägypten galt, galt dort auch in der Spätantike [...]. Daß in den Verhältnissen des arabischen Mittelalters antike, besser spätantike Verhältnisse weiterleben, ist [...] evident.»[11] Die Bedeutung des Bades nahm in islamischer Zeit durch die Pflicht zur rituellen Reinheit (*ṭahāra*) sogar noch zu, wie Heinz Grotzfeld, der beste Kenner des arabischen Badewesens, betont.[12] Und so kam es, dass sich in den Bädern «ein nicht geringer Teil des öffentlichen und privaten Lebens» abspielte. «Die Bäder sind einer der wenigen Orte in den islamischen Städten, die jedermann [...] und jederzeit offenstanden vom frühesten Morgen bis in die späte Nacht, nicht selten sogar Tag und Nacht. Ins Bad ging man außer um des reinen Vergnügens willen zur rituellen Waschung, bevor man neue Kleider anzog, wenn man von einer Krankheit wieder genesen war. Erst einmal ins Bad brachte man die aus dem Gefängnis Befreiten oder Amnestierten. Im Bad feierte der Bräutigam mit seinen Freunden und die Braut mit ihren Freundinnen und den Frauen der beiden Familien die Hochzeit.»[13]

C

Die ***Chancen***, die ein Mensch im Leben hat, sind immer abhängig von seiner Geburt, beruhen jedoch noch mehr auf den Möglichkeiten, die ihm die jeweilige Gesellschaft, in die er hineingeboren wird, bietet. Im Europa der Spätantike und des frühen Mittelalters scheinen sich die Verhältnisse sehr stark von Ort zu Ort und von Zeit zu Zeit unterschieden zu haben. Klar erkennbar ist aber die Tendenz zu einer geburtsständischen Gesellschaft, in der den Menschen ein fester Platz schon von Geburt an zugewiesen ist. In den Stadtkulturen der islamischen Welt konnte von Anfang an jeder alles außer Kalif werden. Selbst Christen, Juden und Sabier (also eigentlich Heiden) bekleideten immer wieder hohe und höchste Staatsämter. Kein Beruf war ihnen verschlossen. «Gerade in den einträglichsten saßen Christen und sehr dicht und fest unter den Bankiers, der Kaufmannsplutokratie, den Leinwandhändlern, den Gutsbesitzern und den Ärzten.»[14] Der wichtigste Lobdichter der Umayyadenkalifen, al-Aḫṭal (ca. 20–92/640–710), war Christ, und in der frühen Abbasidenzeit kamen die größten Literaten zu einem erheblichen Teil aus Handwerkerkreisen oder noch niedrigeren sozialen Schichten. Abū Tammām (ca. 189–232/805–845), der Hofdichter des Kalifen al-Muʿtaṣim (reg. 218–227/833–842), war der Sohn eines christlichen Weinhändlers namens Thaddäus,[15] wie überhaupt die Zahl der Dichter, die aus ärmlichsten Verhältnissen stammten, Legion ist. Dies galt auch für Religionsgelehrte – ganz besonders für Sufis, von denen die meisten aus der Handwerkerschicht stammten – sowie für etliche Richter und Verwaltungsbeamte. Eine militärische Karriere war allerdings ab dem zehnten Jahrhundert vorwiegend türkischen Militärsklaven vorbehalten. Sonst gab es keine Aufstiegsbeschränkungen außer der individuellen Tüchtigkeit, wenngleich ein einflussreiches Elternhaus natürlich immer hilfreich war. Die Auswirkungen, die eine derart hohe soziale Mobilität auf die Mentalität der Menschen hatte, können gar nicht hoch genug eingeschätzt werden.

D

Dachziegel sind eigentlich eine ganz unspektakuläre Sache. Aber gerade die unspektakulären Dinge der Alltagswelt tragen oft mehr zur Charakteristik einer Epoche bei als die Leistungen der Hochkultur, sind doch von ihnen alle Menschen betroffen und nicht nur die Angehörigen der Elite. Den Veränderungen der Alltagswelt während der Spätantike hat der Archäologe Ward-Perkins sein besonderes Augenmerk geschenkt: «Im 5. und 6. Jahrhundert verschwanden aus den meisten Gebäuden der Elite die Dachziegel [...]. Es könnten bis zu tausend Jahre vergangen sein, bis – vielleicht im 14. oder 15. Jahrhundert – Dachziegel in Italien wieder so leicht verfügbar und weit verbreitet waren wie in römischer Zeit. In der Zwischenzeit begnügte sich die große Mehrheit der Bevölkerung mit Bedachungsmaterialien, die durchlässig, entflammbar und insektenverseucht waren.»[16] In der Levante ging dagegen die Produktion von Dachziegeln und von Keramik guter Qualität nicht zurück. Das archäologisch gut erforschte palästinische Städtchen Baysān, ein sowohl vor als auch nach der arabischen Eroberung ziemlich unbedeutender Ort, wurde 737 auf Anordnung des umayyadischen Kalifen Hišām wiederaufgebaut. Es legt, so Ward-Perkins, «ein Niveau an Entwicklung und Wohlstand nahe, das in den verwahrlosten Provinzen im Rest des alten Reiches ziemlich beispiellos ist».[17]

Überhaupt ging die Errichtung von Großbauten ununterbrochen weiter, von den Kirchen und Klöstern der «Toten Städte» Nordsyriens in vorislamischer bis zur Umayyadenmoschee in islamischer Zeit. Bei mehreren der sogenannten «Wüstenschlösser» war lange umstritten, ob sie vor oder nach der arabischen Eroberung entstanden.[18] Kann es einen besseren Beweis für kulturelle Kontinuität geben? Noch größer ist der Unterschied im Falle von Wohnhäusern. «Die Wohnbauten im nachrömischen Italien scheinen, ob in der Stadt oder auf dem Land, fast vollständig aus vergänglichem Material gewesen zu sein. Häuser, die in der römischen Epoche fast vollständig aus Stein und Mauerziegeln bestanden hatten, verschwanden, um durch Siedlungen ersetzt zu werden, die fast komplett aus Holz errichtet wurden.»[19]

Umso drastischer ist der Kontrast zum Gebiet im Osten und östlich des Mittelmeers, wo sogar in ländlichen Gebieten noch Wohnhäuser aus präzise zugeschnittenen Steinen gebaut wurden. Ein Beispiel stellt die Siedlung Umm al-Ǧimāl dar, die etwa siebzig Kilometer nordöstlich von Amman und wenige Kilometer südlich der syrisch-jordanischen Grenze gelegen ist. Nach einer nabatäischen und römischen Vorgeschichte blühte der Ort Ende des fünften Jahrhunderts und im sechsten Jahrhundert auf. In dieser Zeit wurden dort fünfzehn Kirchen errichtet. Nach der arabisch-islamischen Eroberung Syriens wurden zwei Häuser in Moscheen umgewandelt (ob das auch mit einer Kirche geschah, ist umstritten), aber Kirchen wurden weiter genutzt. Kontinuität war stärker als ein vielfach gar nicht wahrzunehmender Wandel. Der Übergang vom antiken Umm al-Ǧimāl zum spätantiken verlief erheblich einschneidender als derjenige vom oströmischen zum umayyadischen Umm al-Ǧimāl.[20]

Trotz der Fülle an Sakralbauten zögert man, Umm al-Ǧimāl als Stadt zu bezeichnen, hatte der Ort doch darüber hinaus keine Stadtmauer, keine öffentlichen Gebäude und erfüllte keine administrative oder militärische Funktion. Die Bewohner verdankten ihren Wohlstand der Landwirtschaft und vorwiegend regionalem Handel. Das schwere Erdbeben von 749, das ganz Syrien-Palästina in Mitleidenschaft zog, trug auch zum Niedergang von Umm al-Ǧimāl bei, das aber noch in der Abbasidenzeit bis ins neunte Jahrhundert bewohnt war. Bis in die erste Hälfte des achten Jahrhunderts setzte sich der Bau von meist zweigeschossigen, manchmal dreigeschossigen Privathäusern kontinuierlich fort. Als Baumaterial diente der lokale Basalt, der ebenso dauerhaft wie schwer zu bearbeiten war. Auch die Häuser erhielten Steindächer aus Basalt. Lediglich für einige besonders große Kirchenräume griff man auf Dachziegeln zurück, die sozusagen die Notlösung bildeten. Mehrgeschossige, steingedeckte Steinbauten im ländlichen Raum – im Grunde in einem Dorf – waren in dieser Zeit in West- und Mitteleuropa schier unvorstellbar.

Tafel III zeigt zwei Ansichten von «Haus XVIII» mit seinem Doppelfenster. Das Gebäude wurde wahrscheinlich im sechsten oder siebten Jahrhundert errichtet und in islamischer Zeit gründlich erneuert. Die Aufnahme entstand 1981, als sich noch kaum jemand um die Ruinenstätte kümmerte, die, läge sie in Europa, längst zu einem Touristenmagnet geworden wäre. Seit 2007 wird der Ort unter der Leitung von Bert de Vries systematisch erforscht, bewahrt und erschlossen.[21]

E

Eine ***Erbsündenlehre*** gibt es im Islam nicht. In der christlichen Spätantike und in den Jahrhunderten danach muss eine solche Doktrin die Selbstwahrnehmung der Menschen nachhaltig beeinflusst haben. Vor allem erwies sich diese Lehre als «das geradezu ideale theologische Instrument ..., durch das auch der Anständigste und Frömmste sich stets vor der göttlichen Strafe fürchten musste [...]. Es kann keine Rede davon sein, dass diese Lehre bewusst mit dem Ziel geschaffen wurde, das Kirchenvolk zu beherrschen; faktisch aber wurde sie so funktionalisiert, da ja wesentliche Mittel gegen die aufgrund der Erbsünde zu erwartende Verdammung wie die Taufe und der Eucharistieempfang in den Händen der Geistlichkeit lagen.»[22] In der islamischen Welt findet man ein gesteigertes Sündenbewusstsein vor allem bei den Sufis, von denen etwa «der Gewissenserforscher» al-Muḥāsibī (ca. 165–243/781–857) ein geradezu protestantisches Gewissenserforschungsprogramm an den Tag legte. Wenn auch Furcht vor der Grabesstrafe und dem Jüngsten Gericht gängig gewesen zu sein scheint, war die breite Masse aber relativ heilsgewiss. Die Lehre der Muʿtazila, bei der die Gerechtigkeit Gottes im Zentrum stand und die deshalb für den schweren Sünder ewige jenseitige Strafe vorsah, hatte sich nicht durchsetzen können. Gläubige Muslime rechneten nicht ernsthaft mit (ohnehin allenfalls temporären) Höllenstrafen. Natürlich gab es fromme Prediger, die vor Höllenstrafen warnten und entsprechende Ḥadīṯe zusammenstellten. Aber zu einer allgemeinen Einschüchterung führten solche Werke nicht, zumal es keinen Klerus gab, der davon profitierte, und die Religionsgelehrten selbst Teil des Bürgertums waren. Und so kommt es, dass in Dantes *Divina commedia* bekanntlich das *inferno* der interessanteste Teil ist, während in al-Maʿarrīs *Risālat al-ġufrān* das Paradies den wichtigsten Teil bildet. Zur Hölle ist ihm einfach nicht genug eingefallen.[23] Tatsächlich spielt in islamischen Gesellschaften das Paradies eine weit größere Rolle in der kollektiven Phantasie als die Hölle.

Während das lateinische Christentum den Menschen schon dort zum Sünder stempelte, wo er noch nicht gehandelt hat (als Erbsünde), oder dort, wo er nicht anders handeln kann (als sexuelles Wesen), hat sich der Islam keine unvermeidbaren Sünden ausgedacht (etwa schon Gedanken für sündig erklärt) und die Bestrafung der vermeidbaren durch die Betonung der Barmherzigkeit Gottes ins Erträgliche gemildert. Es erscheint als beachtlicher mentalitätsgeschichtlicher Unterschied zwischen Islam und christlichem Europa, dass nur in Letzterem eine nachhaltige, religiös begründete *Furcht* ein allgemeiner und wesentlicher Antrieb für menschliches Handeln war.

F

Feste christlichen und islamischen Charakters verdrängten ihre Vorläufer in unterschiedlichem Maße. Im Westen wurde den heidnischen Festen häufig ein christlicher Charakter gegeben: «Bei den christlichen Festen gibt es zwar vielfach eine Kontinuität zu ihren heidnischen Vorläufern, die jedoch grundlegend umgewandelt, christianisiert und durch neue Formen verdrängt werden.»[24] Im Osten trat der islamische Festkalender nach dem Mondjahr einfach neben die alten, nach dem Sonnenkalender gefeierten Feste. Fast zu Recht stellt Adam Mez für das zehnte Jahrhundert fest: «Wie dünn die islamische Tünche über dem Volksleben lag, bezeugen die Feste. Das ganze christliche Kirchenjahr wurde von den Muhammedanern mitgefeiert»[25] – nicht zu vergessen die antiken persischen Feste, nämlich das ursprünglich dem altiranischen Gott

Mithra geweihte Mihragān-Fest und das noch heute vielfach gefeierte Neujahrsfest *(nawrūz/nayrūz)*. Aber Mez hat nur *fast* recht, denn von einer «islamischen Tünche» zu sprechen, trifft den Sachverhalt nicht ganz. Schließlich wurden die altpersischen Feste nie islamisch umgedeutet und trotzdem auch von tiefgläubigen Muslimen der Elite gefeiert. Der berühmte Dichter und bedeutendste schiitische Gelehrte seiner Zeit, aš-Šarīf ar-Raḍī (359–406/970–1015), richtete allein im Jahr 377/987–988 drei lange und feierliche Glückwunschgedichte an den (sunnitischen) Kalifen aṭ-Ṭāʾiʿ. Anlässe waren das Opferfest *al-aḍḥā*, das Fest des Fastenbrechens *al-fiṭr* und das Mihragān-Fest. Auch der *de facto* mächtigste Mann des Reichs, der buyidische Amīr Bahāʾ ad-Dawla (reg. 379–403/989–1012), erhielt von ihm eine Reihe von Glückwunschgedichten. Den Grund bildeten wieder Ramaḍān und Mihragān, daneben mehrmals das *nayrūz*-Fest.[26] Wir haben es also nicht mit einer islamischen «Tünche» zu tun, sondern mit einem Ambiguitätsphänomen: Zwei einander eigentlich ausschließende Festtraditionen blieben nebeneinander bestehen.

G

Glas ist ein besonders schönes Beispiel für eine ungebrochene Kontinuität im Nahen Osten. Die antike Glasproduktion wurde hier, auch für den Alltagsbedarf, permanent fortgeführt. Bei Glasobjekten aus dem siebten Jahrhundert lässt sich zumeist nicht entscheiden, ob sie in vorislamischer Zeit oder erst in islamischer Zeit hergestellt wurden. Danach stieg das handwerkliche und künstlerische Niveau kontinuierlich an. In Nordsyrien (Raqqa) experimentierte man mit Glas, zu dessen Herstellung statt Natron, wie bislang üblich, aus sodahaltigen Pflanzen gewonnene Pottasche verwendet wurde. Zum technischen kam ein künstlerischer Qualitätssprung, wobei man sich bald auch in Syrien stärker an Geschmack und Stil des Ostens (Irak, Iran) orientierte.[27] Archäologisch nachgewiesen ist Glasproduktion in allen wichtigeren Zentren Syriens.[28] Mit den syrischen und ägyptischen Gläsern des zwölften bis vierzehnten Jahrhunderts erreichte die Fertigung einen Höhepunkt. In Europa ist dagegen in der Spätantike ein weitgehender Zusammenbruch der Glasherstellung zu verzeichnen: «Unter den Franken wurde die Glasproduktion zunächst weiterbetrieben, verfiel dann aber im 6. Jahrhundert. Das grünschwarze ‹Waldglas› des frühen Mittelalters ist von geringer Qualität. Die spätantike Glasindustrie hat sich in Syrien jedoch halten können und unter der arabischen Herrschaft eine neue Blüte erlebt. Über Venedig gelangte die Glaskunst wieder ins Abendland.»[29]

Tafel IV zeigt zwei Gläser, die sich heute im Museum für Islamische Kunst in Berlin befinden. Die Flasche oben wurde in Syrien oder Ägypten im siebten oder achten Jahrhundert hergestellt (Höhe: 8,1 cm, Breite: 6,3 cm, Tiefe: 10,1 cm). Sie ist «aus farblosem Glas mit farblosen und blauen Applikationen. An eine kugelförmige Flasche mit kurzem, weitem Hals wurden farblose und blaue Glasfäden so angeschmolzen, dass sie eine Kamelfigur bilden, die die Flasche als Last auf dem Rücken zu tragen scheint. Derartige Gefäße waren in der frühislamischen Zeit sehr beliebt; sie dienten wohl der Aufbewahrung von Parfüms oder Ölen.»[30] Das darunter abgebildete Kelchglas (Höhe: 10,9 cm, Durchmesser 10,4 cm, am Fuß 5,5 cm, Wandstärke ca. 0,2 cm) stammt aus Iran (7. bis 9. Jahrhundert) und zeigt, dass sich die Glaskunst nicht nur im Oströmischen Reich, sondern auch bei den Sassaniden erhalten hat. Es ist ein «halbkugelförmiges geripptes Kelchglas aus grünlichem Glas. Das Glas steht auf einem kurzen schmalen Stiel mit flachem Standfuß mit weit hochgestochenem Boden. Der Rand ist nach innen umgeschlagen.»[31]

H

Homoerotik ist ein Stichwort, das für die Frage nach einem islamischen «Mittelalter» besonders aufschlussreich ist, zeigt sich hier doch in der islamischen Welt nicht etwa ein direktes Fortleben der Spätantike, sondern ein Weiterleben oder Wiederaufleben von Vorstellungen der klassischen Antike. Die Idee einer sexuellen Identität – abhängig vom biologischen Geschlecht der Partner entweder hetero- oder homosexuell – ist modern. Sie löste Vorstellungen ab, wonach nicht das biologische, sondern das soziale Geschlecht *(gender)* der Partner ausschlaggebend war. Einer männlich-aktiven steht hier eine nicht-männlich-passive Sexualität gegenüber. Das christliche Europa und die islamische Welt gehen hierin nicht grundsätzlich auseinander; fundamental unterschiedlich ist aber die soziale Akzeptanz, auf die mann-männliche Liebesbeziehungen treffen. Sowohl in der Antike als auch in islamischen Gesellschaften hatte man weitgehend Verständnis für solche Kontakte, solange dem jüngeren Partner noch kein kräftiger Bart gewachsen war. Mit dem Bartwuchs aber galt er als erwachsener Mann, der eine aktive Sexualität leben muss.

Die arabische Liebesdichtung ist seit Abū Nuwās (gest. um 200/815) etwa zur Hälfte homoerotisch geprägt. Dabei fällt vor allem das Genre des *apologetischen Bartwuchsepigramms* ins Auge, in dem sich der Dichter dafür entschuldigt, dass er eine Liebesbeziehung nicht beendet, obwohl dem jüngeren Partner schon ein unübersehbarer Bart wächst.[32] Eines der ältesten «apologetischen Bartwuchsepigramme» findet sich in der «Griechischen Anthologie». Es stammt von dem griechischen Dichter Straton, der im 2. Jahrhundert n. Chr. lebte:

> Geht auch der erste, noch zärtliche Flaum in den Bartwuchs dir über,
> sprießt auf den Wangen dir blond kräftiger nunmehr das Haar,

will ich, mein Lieber, dich doch nicht verlassen. Mögen die Haare
stacheln: Mir bleibt als Besitz, was du an Schönem gewährst.[33]

Nach der Christianisierung des Imperiums (und sicherlich als deren unmittelbare Folge) verstummten die Bartwuchsepigramme, doch kurz nach der arabischen Eroberung lebten sie im Osten wieder auf. Abū Nuwās und Abū Tammām (ca. 189–232/805–845) waren unter den Ersten, von denen solche Epigramme überliefert sind. Ihre Argumentation bewegt sich noch ganz auf der Linie Stratons: Dem Jüngling wächst zwar schon ein Bart, aber er ist noch immer so bezaubernd wie vorher. Bald wird die Argumentation raffinierter, etwa bei al-Ḥarīrī (446–516/1054–1122):

Sie sagten, als sie sahen, wen ich liebe:
Dass ihm der Bart wächst, will's dich nicht verdrießen?

Sie sind ja blind! Wenn sie die Sache recht
besäh'n, wie schnell sie ihren Tadel ließen!

Denn wer in kahler Gegend Heimat fand,
der zieht nicht fort, wenn Frühlingsblumen sprießen![34]

Zwischen 800 und 1800 sind Tausende solcher Epigramme entstanden. Erst Mitte des neunzehnten Jahrhunderts endete, wiederum aufgrund christlicher – in diesem Falle: durch den Import europäischer – Moralvorstellungen, diese tausendjährige Tradition, die im Grunde eine fast zweitausendjährige ist; denn es scheint schwer vorstellbar, dass das arabische apologetische Bartwuchsepigramm nicht die Tradition seiner antiken Vorläufer fortsetzte, auch wenn wohl keine unmittelbare Kenntnis von den Gedichten selbst zu den Arabern gelangt war. Wahrscheinlich haben aber christliche Moralvorstellungen in den Städten des Nahen Ostens die antiken Vorstellungen von Sexualität nicht vollständig ablösen können. Wir können also aller Wahrscheinlichkeit nach davon ausgehen, dass es sich bei der arabischen homoerotischen Dichtung[35] letztlich um ein Kontinuitätsphänomen handelt, allerdings nicht um eines, das unmittelbar an die Spätantike anknüpft, sondern um eines, das auf noch frühere Zeiten zurückgeht.

I

Individualismus ist sicherlich einer der schwierigsten Begriffe der Mentalitätsgeschichte, aber für die Mittelalter-versus-Neuzeit-Debatte erscheint er so wichtig, dass er zumindest kurz und plakativ behandelt werden muss. Bei Jacob Burckhardt bildet die «Entdeckung des Individuums» in der italienischen Renaissance eine wesentliche Rechtfertigung für die Ansetzung der «Renaissance» als eigener Epoche. Ob und inwieweit Burckhardt hiermit richtig lag oder ob ein solcher Prozess später oder früher anzusetzen ist, muss hier nicht diskutiert werden. Es genüge, den *locus classicus* zu zitieren: «In Italien zuerst», schreibt Burckhardt, «erhebt sich mit voller Macht das *Subjektive*; der Mensch wird geistiges *Individuum** und erkennt sich als solches. So hatte sich einst erhoben der Grieche gegenüber den Barbaren, der individuelle Araber gegenüber den anderen Asiaten.» Burckhardts Anmerkung bei * lautet: «Man beachte die Ausdrücke uomo singolare, uomo unico für die höhere und höchste Stufe der individuellen Ausbildung.»[36]

Wahrscheinlich irrt Burckhardt, wenn er die Araber der Antike als Individualisten hervorhebt im Vergleich zu anderen Völkern, die sich in erster Linie durch das Kollektiv definierten. Vermutlich haben eher der Verlust der festen Clan- und Stammesbindungen in der Expansionszeit, die individuelle Leistungsethik der Religion des Islams und das Leben in den Städten mit seiner hohen sozialen Mobilität (siehe die Stichworte «Chancen» und «Urbanität») zu einer immer stärkeren Wahrnehmung des Individuums geführt. Dies lässt sich nicht zuletzt aus der Entwicklung der Liebesdichtung herauslesen,[37] aber auch aus den zahlreichen Biographien von Gelehrten und Intellektuellen, die sich keineswegs als demütige

Diener Gottes verstanden, sondern als streitbare und oft auch eitle Individualisten. Was schließlich den *uomo singolare* betrifft, so war zweifellos für alle Zeiten al-Mutanabbī (303–354/915–965), der vielen noch heute dank seiner unerreicht eindringlichen und sprachgewaltigen Verse als der bedeutendste arabische Dichter gilt, der größte Verherrlicher dieses Konzepts. Er machte das Motiv des *uomo singolare* zu einem seiner Hauptthemen, das er in immer neuer Weise in seinem Werk aufgreift, und zwar nicht nur in seinen panegyrischen Gedichten auf hochgestellte Persönlichkeiten, sondern auch in Versen, in denen er über sich selbst spricht. Ein solcher Vers lautet etwa:

ومـا أنـــا منهمُ بالعيشِ فيهم   ولكنْ مَعدِنُ الذَهَبِ الرَغَامُ

Wenn ich auch in ihrer Mitte lebe, so bin ich doch keiner von ihnen. Schließlich ist auch die Lagerstätte des Goldes in Erde und Sand.

Im Europa des 10. Jahrhunderts (sieht man von al-Andalus ab) wäre ein Vers, in dem sich ein Dichter als Goldklumpen bezeichnet, den man inmitten des Abraums der übrigen Menschen findet, undenkbar.

Das frühe Aufkommen eines Ich-Bewusstseins in islamischen Gesellschaften zeigt sich auch darin, dass persönliche Gedanken und Erlebnisse bis hin zu den Banalitäten des Alltags in Tagebüchern festgehalten wurden, womit in Europa nicht vor dem fünfzehnten Jahrhundert zu rechnen ist. Allerdings sind Aufzeichnungen von nicht besonders berühmten Menschen, die selbst Alltagstrivialitäten notieren, für ihre Zeitgenossen und die unmittelbare Nachwelt völlig uninteressant. Gerade die Tatsache, dass solche Tagebücher unspektakuläre Begebenheiten enthalten, macht sie zwar für heutige Historiker besonders wertvoll, hat aber auch dazu geführt, dass nur sehr wenige solcher Texte überliefert sind. Die meisten sind nur im Autograph erhalten, so auch das Tagebuch des Bagdader Juristen, Theologen und Historikers

Abū ʿAlī ibn al-Bannāʾ. Immerhin war er so bekannt, dass es geboten schien, einige Seiten seiner Aufzeichnungen in einer Sammelhandschrift zu bewahren. Die (oft flüchtigen) Notizen stammen aus den Jahren 460–461/1068–1069 und berichten über Krankheit und Tod von Bekannten und Kollegen, die politischen Ereignisse in Bagdad, von Ärgernissen und erfreulichen Erlebnissen, Rechtsfällen und Unwettern. Er lästert über die einen und lobt andere, rühmt sich aber auch seiner eigenen Leistungen. Überdies erzählt er von seinen Träumen und wie sie zu deuten sind, zitiert seine Gedichte und gibt Interessantes von anderen wieder, wie die folgende «Wundergeschichte», die weder besonders mirakulös noch lehrreich ist:

> Jemand hat mir berichtet, dass ihm einmal auf seinem Weg ein Raubtier entgegenkam. Da bekam er Angst und warf sich auf den Boden, aber das Tier ging an ihm vorbei ohne ihn anzufallen. Als es weg war, stand er auf und ging in den nächsten Ort, wo man ihm noch seine Aufregung ansah und deshalb fragte: «Was hast du denn?» Er erzählte von seiner Begegnung, und sie entgegneten: «Wir kennen das Tier! Es frisst nur Schweine, rührt aber Menschen nicht an.» «Aber ich hatte Angst, es könnte auf diesen Gedanken kommen!», sagte er und pries Gott dafür, dass es nicht so gekommen war.

Ibn al-Bannāʾs Schwerpunkt liegt weder auf Staatsaffären noch beschreibt er – wie die meisten frühen Tagebücher – einen eigenen spirituellen Weg, vielmehr schildert er sein alltägliches Leben als mittelprominenter, mondäner, frommer, aber auch sehr selbstbewusster Gelehrter.[38]

J

Juden lebten seit antiker Zeit sowohl in christlichen als auch in islamischen Gesellschaften. Ihre Wahrnehmung und ihre soziale Stellung unterscheiden sich in beiden Welten jedoch in mehrfacher Hinsicht. Erstens waren Juden in der christlichen Welt die einzigen überhaupt geduldeten Nichtchristen, während religiöse Pluralität in der islamischen Welt bis in die jüngste Vergangenheit eine Selbstverständlichkeit darstellte. Juden, Christen, Sabier (die einen heidnischen Gestirnkult pflegten), Zoroastrier, Hindus und andere waren nicht nur geduldet, sondern bildeten in vielen Gegenden die Mehrheit. Noch zu Beginn des Ersten Weltkriegs war mehr als ein Viertel der Bevölkerung auf dem Gebiet der heutigen Türkei nicht muslimisch. Nicht der Islam, sondern die westliche Ideologie des Nationalismus führte dazu, dass dieser Anteil heute auf unter 1% zurückgegangen ist. Die Existenz von Nichtmuslimen bildete also in der islamischen Welt eine Selbstverständlichkeit, während Nichtchristen in der christlichen Welt sich auf Juden beschränkten, deren Existenz als permanente Herausforderung begriffen wurde.

Der zweite wesentliche Unterschied zwischen dem christlichen Europa und der islamischen Welt im Umgang mit den Juden betraf deren rechtliche Absicherung. Durch ihre Anerkennung als *ḏimmīs* waren Nichtmuslime zwar nicht gleichberechtigt, konnten sich aber selbst in den härtesten Zeiten auf einen rechtlichen Mindeststatus und auf ein hohes Maß an Autonomie berufen, während Juden in Europa weit mehr der Willkür ausgesetzt waren. Entsprechend bildeten Verfolgungen in der islamischen Welt absolute Ausnahmeerscheinungen, in Europa hingegen stellten Judenpogrome eine Konstante dar.[39] Viele vermeintliche oder tatsächliche Einschränkungen, die der *ḏimma*-Status mit sich brachte, wurden überdies nie oder selten angewandt. So sind alle jüdischen Gemeinden, die zur Zeit der islamischen Übernahme Palästinas und Syriens existierten, unbehelligt geblieben. Als von den neuen Herrschern die Stadt Ramla als Verwaltungssitz Palästinas gegründet wurde, ließen sich in dieser islamischen Stadt bald auch Juden nieder und erbauten eine Synagoge. Bis zum Niedergang der Stadt im elften Jahrhundert existierte in Ramla eine große und blühende jüdische Gemeinde.[40]

Ein wichtiger dritter Unterschied besteht schließlich darin, dass Juden in der islamischen Welt keinerlei Berufsbeschränkungen (sieht man vom Militär und höchsten Staatsämtern ab) unterlagen, während auch in dieser Hinsicht ihre Situation in Europa von Zeit zu Zeit und von Ort zu Ort stark variierte. Schließlich sei noch angemerkt, dass zum Islam konvertierte Juden alle Chancen und Privilegien von Altmuslimen genossen. Ein Misstrauen, wie es ihnen in Europa häufig entgegenschlug, war der islamischen Welt fremd. Wiederum zeigt sich, dass mit einem antiken Erbe auf jeweils sehr unterschiedliche Weise umgegangen wird und dass allein die Gemeinsamkeit des Erbes es nicht *per se* rechtfertigt, eine gemeinsame historische Epoche anzusetzen.

K

Kupfermünzen sind das «Geld der Kleinhändler, Handwerker und anderer städtischer Marktteilnehmer. [...] Die Nachfrage nach Münzgeld, insbesondere nach Kleingeld, ist umso größer, je arbeitsteiliger eine Gesellschaft organisiert ist. Die jeweilige Ausdifferenzierung des Geldsystems, insbesondere in Richtung auf das sogenannte Kleingeld, kann als Maßstab für die Arbeitsteilung und damit als Größe für den Entwicklungsstand städtischer Gesellschaften gelten.»[41] Im Weströmischen Reich werden Kupfermünzen seit dem fünften Jahrhundert immer seltener geprägt, wie überhaupt der Umlauf von Münzen generell zurückgeht. Schließlich verschwindet Kleingeld im Westen ganz. «Das Muster der Verfügbarkeit oder des Fehlens von Kupfermünzen deckt sich eng mit dem Bild nachlassender wirtschaftlicher Komplexität, das andere Daten liefern.»[42] Erst 1472 werden in Venedig und Neapel wieder Kupfermünzen geprägt.[43] Ganz anders im Osten. Der Umlauf von Münzen geht dort nicht zurück, «und neue Kupfermünzen wurden in Massen hergestellt. Sogar an einer dörflichen Stätte im Binnenland, Dehes in Nordsyrien, waren Kupfermünzen und Keramik guter Qualität durch das 7. und 8. Jahrhundert hindurch noch verbreitete Gegenstände – während sie in der Ägäis und im westlichen

Mittelmeerraum zur gleichen Zeit sogar in größeren Handelsstädten mehr oder weniger außer Gebrauch gekommen waren.»[44]

Die Gestaltung der Münzen illustriert die Tatsache, dass das Kalifat das Erbe *zweier* antiker Reiche antrat. Vier unspektakuläre Beispiele für die Vielfalt umayyadenzeitlicher Kupfermünzen zwischen Palästina und Fārs zeigt Tafel V. Die Kupfermünze hieß nach dem römischen *follis* auf Arabisch *fals*, Plural *fulūs*. Die Münze Nr. 1 ist eine der gängigsten und häufigsten Prägungen der Zeit um 685. Es ist ein *fals* aus Homs nach oströmischem Vorbild (3,71 g, 21 mm, Stempelstellung 7 h). Für diesen Münztyp hat sich der Ausdruck «arabo-byzantinisch» eingebürgert. Obvers zeigt eine Büste mit Kopf frontal mit Diadem und Kreuz sowie «Reichsapfel» in der rechten Hand, für die vielleicht Münzen des Kaisers Konstans II. (reg. 641–668) das Vorbild lieferten. Das «m», das griechische Zahlzeichen für 40 und Kennzeichen des oströmischen *follis*, wird übernommen, obwohl es hier eigentlich keine Funktion mehr hat. Über ihm ein Stern zwischen zwei Ringornamenten. Die Inschriften auf Vorder- und Rückseite nennen den Prägeort und attestieren der Münze auf Griechisch und Arabisch, sie sei «gut», und zwar spiegelbildlich: Obvers lesen wir KAΛON «gut» auf Griechisch und die Münzstätte بحمص *bi-Ḥimṣ* «in Ḥimṣ» auf Arabisch. Auf der Rückseite ist es genau umgekehrt: طيب *ṭayyib* «gut» auf Arabisch und die Münzstätte EMICHC «Emesa» auf Griechisch (EMI links neben dem «m» von oben nach unten, CHC rechts neben dem «m»).

Nr. 2 ist eine Kupfermünze des arabo-sassanidischen Typs (3,78 g, 19/21 mm, 4 h). Zwar sind arabo-sassanidische Kupfermünzen weniger bekannt als arabo-byzantinische, aber auch sie existieren in einer Vielzahl lokaler Ausprägungen. Daneben gibt es zudem Mischformen mit Elementen beider Traditionen, auch mit Münzen des Reformtyps. Die Vorderseite zeigt eine Büste mit Kopf nach rechts (Vorbild: Chosrow II.) mit Bart, Flügelkrone, Schulterbinde und Ohrgehänge. Die mittelpersische (Pahlavi) Inschrift links lautet GDH = *ḫwarrah* «sein Glanz», rechts: APZWT = *abzūd* «erstarkt» («Sein Glanz ist erstarkt/möge erstarken»). Der Rand ab 4 h, hier kaum mehr lesbar, ist dagegen arabisch: بسم الله *bismillāh* «Im Namen Gottes». Revers zeigt einen Feueraltar. Links das Prägejahr HŠTŠST = *haštšast*. Es ist wohl nicht das Jahr nach islamischer Zeitrechnung. Sassanidische Münzen wurden nach dem Regierungsjahr des Großkönigs datiert. Das Jahr 68 ist demnach das fiktive 68. Regierungsjahr Yazdagirds, der längst tot war, und entspricht A.D. 699. DA auf der rechten Seite ist die Abkürzung für den Prägeort Dārābǧird in der iranischen Provinz Fars. Auf dem Rand ist nochmals Pahlavi APZWT zu sehen, nach dem Mond-und-Stern-Ornament steht auf Arabisch بركة *baraka* «Segen».[45]

Nr. 3 ist ein *fals* (3,43 g, 22/20 mm, 7 h) aus der Zeit nach der Münzreform ʿAbdalmaliks in den Jahren 77–79/696–698, in der erstmals anikonische Münzen geschaffen wurden. An die Stelle der Bilder sassanidischer und oströmischer Münzen traten Koranverse. Dies wurde auch zum Muster für die Kupfermünzen, von denen viele nun nichts als Text boten. Die vorliegende Münze exemplifiziert den Standardtext: Obvers: لا اله / الا الله / وحده *lā ilāha/illā llāh/waḥdahū* «Es gibt keinen Gott außer Gott allein», Revers: محمد رسول الله *Muḥammadun rasūlu llāh* «Muḥammad ist der Gesandte Gottes».

Nr. 4 ist ein *fals* aus Ṭabariyya/Tiberias (3,41 g, 18 mm, 1 h) etwa aus der Zeit um 116/734.[46] Kupfermünzen waren lokale Emissionen und weit weniger reglementiert als Gold- und Silbermünzen. Deshalb gab es auch nach der Münzreform ʿAbdalmaliks eine große Vielfalt lokaler Münztypen, die oft zudem mit Bildern und/oder Text auf ihren Prägeort verweisen. Diese Münze übernimmt auf der Vorderseite verkürzt den Text umayyadischer Gold- und Silbermünzen. Im Feld steht: الله احد الله الصمد *Allāhu aḥad Allāhu ṣ-ṣamad* «Gott ist Einer, Gott ist der Beständige» (Q 112:1–2), am Rand (nur teilweise lesbar): لا اله الا الله لا شريك له *lā ilāha illā llāh lā šarīk lahū* «Es gibt keinen Gott neben Gott, er hat keinen Teilhaber». – Revers im Feld steht wiederum محمد رسول الله «Muḥammad ist der Gesandte Gottes», rechts daneben eine Palme. Am Rand der Prägeort (nur teilweise lesbar): بسم الله ضرب هذا الفلس بطبرية *bi-smi llāh ḍuriba hāḏā l-fals bi-Ṭabariyya* «Im Namen Gottes: Dieser Fals wurde in Ṭabariyya geprägt».

Die vier Beispiele zeigen anschaulich, wie die umayyadische Münzreform, in der Münzen mit Bildern durch solche ohne bildliche Darstellungen ersetzt wurden, einen reichseinheitlichen Münztyp schuf, also weniger einen Bruch mit der Tradition darstellte als vielmehr einen Weg fand, die oströmische und die sassanidische Tradition zusammenzuführen und damit bruchlos fortzusetzen.[47]

L

«Die ***Liebesdichtung*** in lateinischer Sprache verstummte schon in der spätrömischen Kaiserzeit, um bis zum 10. Jh. ganz zu schweigen.» Sie entfaltet sich erst «plötzlich um 1100 in Frankreich sowohl in der mittellateinischen Kunstdichtung ... als auch dem neuen Genre der provenzalischen Trobadorlyrik (ab Wilhelm IX.) und später der nordfranzösischen Trouvèredichtung»,[48] wobei es als erwiesen gelten kann, dass die Dichtung der Trobadore unter arabischem Einfluss entstanden ist.[49]

Die arabische Liebesdichtung war in vorislamischer Zeit entstanden und nahm nach der Gründung des Umayyadenreichs eine rasche Entwicklung, so dass sie schon um die Mitte des achten Jahrhunderts das Raffinement und die psychologische Komplexität der antiken Liebesdichtung übertraf. Während die vorislamischen Gedichte allein den melancholischen Rückblick auf vergangene Liebesbeziehungen zum Inhalt hatten, konnte in umayyadischer Zeit im städtischen Milieu des Ḥiǧāz erstmals auch die heitere Seite der Liebe mit ihren Flirts und Affären thematisiert werden. ʿUmar ibn Abī Rabīʿa, 23/644 in Mekka geboren und

93/712 oder 103/721 in Medina verstorben, war der bedeutendste Vertreter dieser neuen Schule. Eine andere, stärker in beduinischem Milieu verhaftete Richtung, die der ʿUḏriten, behandelte nach wie vor verhinderte Liebesbeziehungen. Liebesgeschichten wie diejenige von Laylā und Maǧnūn haben hier ihren Ausgangspunkt. Interessant ist, dass es stets die Familien der Liebenden sind, die dem Liebesglück im Wege stehen. Wir haben damit im siebten Jahrhundert gewissermaßen «mittelalterliche» Verhältnisse vor uns, lange bevor in Europa eine «mittelalterliche» Liebesdichtung aufkam. Denn die Unerreichbarkeit der geliebten Person ist, wie Niklas Luhmann in seinem Essay «Liebe als Passion» feststellt, im Mittelalter durch Standesdifferenzen garantiert. Dies ändert sich, so Luhmann, erst im siebzehnten Jahrhundert: «Die Unerreichbarkeit der angebeteten Frau wird in die Entscheidung der Frau selbst verlagert.»[50]

Falls Luhmann recht hat, wäre eine vergleichbare Mentalität in den Städten der Abbasidenzeit schon im achten und neunten Jahrhundert erreicht, einer Zeit, in der Dichter wie Abū Nuwās und Abū Tammām über liebenswerte Frauen und Jünglinge klagen, die sich einfach nicht auf eine Liebesbeziehung einlassen wollen, ohne dass es dafür äußere Gründe gäbe. Als ein Beispiel von Hunderten seien Verse von Abū Tammām nachgedichtet, die in vielerlei Hinsicht typisch sind. Die geliebte Person ist nicht nur schön, sondern weist auch innere Werte wie Anstand und Charakter auf. Beklagenswert ist einzig, dass sie sich ohne erkennbare Gründe – sie will halt einfach nicht – einer Liebesbeziehung verweigert. Damit raubt sie dem Liebenden das Leben und schickt ihn dem «Liebestod» entgegen:

Meine Tränen, all mein Sehnen musst du kennen,
meine Liebesglut kennst du und all mein Brennen!

Du hast Anmut, Schönheit, Sitte und ein gutes
Wesen, auch charakterfest muss man dich nennen.

Übel ist nur eins an dir: Dass du mich gleichmachst
jenen, die dem Liebestod entgegen rennen.

Warum kehrst du dich denn ab – ich tat dir nichts! – ? Und
Abkehr heißt doch Trennung vor endgült'gem Trennen![51]

Schnell wird die Liebesdichtung, das *ġazal*, zur populärsten Gattung der arabischen Poesie, von wo es ins Persische, Türkische, Hebräische und Urdu übergeht und schließlich, als Ghasel, sogar die deutsche Literatur befruchtet. Damit ist es eines der größten Erfolgsmodelle der Weltliteratur.[52] Das *ġazal* stellt nicht die Fortsetzung der antiken Liebesdichtung dar; es liegt also keine literarische Kontinuität vor, doch ist wohl von einer Kontinuität der Mentalität auszugehen, welche die liebesdichtungsfeindlichen Jahre der christlichen Spätantike überdauerte.

M

Über die ***Medizin*** in der Spätantike fällen Peter Dinzelbacher und Werner Heinz ein sehr harsches Urteil: «Die im Vordergrund stehende Errettung der menschlichen Seele brachte eine Vernachlässigung der körperlichen Leiden mit sich. Auf dieser Basis konnte sich die Medizin nicht weiterentwickeln. [...] Amulette statt Arznei, Dämonen statt Desinfektion, Magie statt Medizin – diese Denkweise versetzte vielerorts den Resten der griechisch-römischen Medizin den Todesstoß.»[53] Ihr Überleben verdankt sie vor allem aramäischsprachigen Ärzten, die die bruchlose Fortsetzung der antiken Medizin in der islamischen Welt ermöglichten.[54]

Schon die Umayyadenkalifen hatten syrische Leibärzte, die sich, so wurde erzählt, nicht nur um die Gesundheit der Kalifen, sondern auch um die unauffällige Beseitigung ihrer Feinde kümmerten.[55] Der erste Mediziner, der näher fassbar ist, ist ein persischer Jude aus Basra namens Māsarǧawayh, der sich wohl noch zur Umayyadenzeit die Mühe machte, ein ursprünglich griechisch abgefasstes medizinisches Handbuch eines alexandrinischen Presbyters namens Ahron aus dem 7. Jahrhundert aus einer syrisch-aramäischen Übersetzung ins Arabische zu übertragen.[56] Vor allem in den Schulen von Alexandria und Gondēšāpūr (auf arabischen Münzen: Ǧundaysābūr) wurde die antike Medizin in spätantiker Zeit bewahrt. Aus Letzterer ging die Buḫtīšūʿ-Familie hervor, deren Mitglieder von der Mitte des achten Jahrhunderts an acht Generationen lang den Kalifen in Bagdad als Ärzte und Berater dienten.[57] Nicht nur die Mitglieder dieser Familie, sondern die meisten prominenten Mediziner der frühen Abbasidenzeit waren Christen der persischen Kirche, also «Nestorianer» (was aber nicht deren Eigenbezeichnung ist). Ihrer Initiative ist es zu verdanken, dass, nachdem das Kalifat seine Hauptstadt nach Bagdad in das Gebiet des ehemaligen Perserreichs verlegt hatte, alle wichtigen griechischen medizinischen Schriften ins Arabische übersetzt wurden, auch solche, die im Oströmischen Reich nicht mehr auf Interesse stießen.[58] Darunter befanden sich etwa die *Materia medica* des Dioscurides (gest. um 90), Traktate des Rufus von Ephesus (2. Jahrhundert n. Chr.), die Enzyklopädie des Paulos von Aegina, der in Alexandria von vorislamischer bis in islamische Zeit lebte, sowie vor allem das riesige Korpus der Schriften Galens (129–216 n. Chr.). Tafel VI zeigt eine Seite des Leidener Dioscurides, der im Jahr 475/1083 in Samarkand vollendet wurde und eine Kopie eines 380/990 von Abū ʿAbdallāh an-Nātilī, einem Lehrer Ibn Sīnās, fertiggestellten Manuskripts ist.[59] Die abgebildeten Heilpflanzen sind oben *anīṯūn* (für griechisch Anethon) = arabisch *aš-šibiṯṯ*, also der Dill (Anethum graveolens), darunter *kūmīnūn* (für griechisch Kyminon) = arabisch *al-kammūn*, also der Kreuzkümmel (Cuminum cyminum).

Ein anderer nestorianischer Autor mit einer Abkunft aus Gondēšāpūr war Yūḥannā ibn Māsawayh (ca. 160–243/776–857), Autor zahlreicher Traktate, darunter eines Überblickswerks mit dem Titel «Die Ärzteprüfung» *Miḥnat aṭ-ṭabīb*. Noch im

8./14. Jahrhundert verlangte der ägyptische Gewerbeaufseher (*muḥtasib*) Ibn Bassām, dass alle Ärzte anhand dieses Buches auf ihre Kompetenz geprüft werden sollten und den hippokratischen Eid ablegen müssten. Nicht etwa auf Koran oder Bibel sollten sie eingeschworen werden, sondern einen Eid leisten, der auf einen griechischen, «heidnischen» Arzt zurückgeführt wird, der um 370 v. Chr. verstorben war.[60]

Schon Ibn Māsawayh wirkte nicht in erster Linie (wenn überhaupt) als Übersetzer, sondern verfasste auch eigenständige Schriften. Neben griechischen, persischen und indischen Quellen nahmen eigene Forschungen einen immer wichtiger werdenden Raum ein. Die arabische Medizin, die Europa vom zwölften Jahrhundert an aus den Werken von Abū Bakr ar-Rāzī alias «Rhazes» (ca. 251–313/ca. 865–925), aus dem «Kanon» *al-Qānūn* des Ibn Sīnā alias «Avicenna» (gest. 428/1037) und vielen anderen kennenlernte, war nicht mehr die von der Antike übernommene, sondern eine weit darüber hinausgewachsene.

N

Naturwissenschaften wurden auf dem Gebiet des Weströmischen Reiches jahrhundertelang so gut wie gar nicht mehr betrieben. In der Spätantike blockierte die «Angst, eventuell religiös Häretisches zu produzieren», so Dinzelbacher und Heinz, «alternative Denkversuche bis ins hohe Mittelalter, als u. a. eine Rezeption der griechischen Philosophie und der Naturwissenschaften aus arabischer Überlieferung neue Wege erschloss – und sich die Ketzersekten vervielfältigten. Gleichzeitig traten in der Spätantike und danach magische und religiöse Lösungsversuche für praktische Probleme [...] mehr und mehr in den Vordergrund, wogegen das Wissen um rational-wissenschaftliche Lösungsmethoden zum Teil verloren ging.»[61] Allerdings sollte man sich davor hüten, die Geschichte der Naturwissenschaften in West- und Mitteleuropa vom sechsten bis ins elfte Jahrhundert nur als einen Niedergang zu beschreiben. In all den Regionen, in denen Latein die einzige Bildungssprache war, hatte es in derlei Hinsicht auch vor dem sechsten Jahrhundert nicht viel gegeben, was hätte niedergehen können. Hier war das Interesse an Naturwissenschaften in der gesamten Antike sehr gering, weshalb nur wenige Werke (Enzyklopädien, Lehrgedichte) in lateinischer Sprache hervorgebracht wurden. Auf den Gedanken, die griechischen Texte ins Lateinische zu übersetzen, ist man nicht gekommen. So sind nur wenige Schriften des Aristoteles vor dem zwölften Jahrhundert übersetzt worden, die meisten davon durch den um 526 hingerichteten Boethius. Die Römer verließen sich in diesen Dingen ganz auf ihre griechischen Lehrer, und als diese nicht mehr kamen, verschwand auch ihr Wissen, das in vielen Regionen des Weströmischen Reichs sowieso zuvor nie angekommen war.[62]

Wesentlich bessere Sachwalter der griechischen Wissenschaften der Antike als ihre Kollegen im Westen waren die arabischsprachigen Gelehrten. In der islamischen Welt gab es keine nachhaltige feindliche Einstellung der Religionsgelehrten gegenüber den Naturwissenschaften, wodurch die Weiterentwicklung griechischen und, nicht zu vergessen, persischen und indischen Wissens möglich wurde.

Das in Griechisch und Mittelpersisch überlieferte Wissen wurde im östlichen Mittelmeerraum und in Vorderasien weiter gepflegt. Im sechsten und siebten Jahrhundert schrieben Christen in syrisch-aramäischer Sprache Abhandlungen über aristotelische Logik, ptolemäische Astronomie und Kosmologie sowie spätantike Medizin. Auch persische Gelehrte beschäftigten sich mit griechischer und indischer Astronomie und Mathematik.[63] Vor allem Werke, die praktischen Nutzen versprachen, wurden schon vor Beginn der großen Übersetzungswelle in der zweiten Hälfte des achten Jahrhunderts ins Arabische übertragen.[64] Gotthard Strohmaier stellt zu Recht fest, dass es nicht korrekt sei, von einer *Rezeption* der Antike durch die Araber zu reden, da man nur Fremdes rezipieren könne: «Es handelte sich dabei nicht um die Rezeption fremdländischen Wissens, vielmehr um ein bodenständiges Fortleben.»[65] Dieses Fortleben gewann im Abbasidenreich bald eine Dynamik, zu der es keine historischen Parallelen gibt: Niemals zuvor hatte man derart systematisch und vollständig das gesamte zugängliche wissenschaftliche und philosophische Korpus einer Kultur aus einer fremden Sprache in die eigene übertragen, wie das mit den Übersetzungen des griechischen Erbes ins Arabische zwischen dem achten und dem elften Jahrhundert in der arabischen Welt der Fall war.[66] Im elften Jahrhundert schließt sich der Kreis, und dieses Wissen gelangt in weiterentwickelter Form in die lateinische Welt. Dort waren mittlerweile auch viele der griechischen Texte verfügbar. Man stand deshalb vor der Entscheidung, ob man das Wissen der «Alten» vor allem aus den ursprünglichen Texten übernehmen oder sich auf arabische Quellen, die dieses Wissen ergänzt, weiterentwickelt und verfeinert hatten, stützen sollte. Zumeist fiel die Entscheidung zugunsten der arabischen Texte aus.[67]

O

Das ***Ordal***, das «Gottesgericht», sei als Beispiel für eine Innovation des Westens erwähnt, da der Transformationsprozess der Spätantike sowohl durch das Ende von alten als auch durch das Entstehen von neuen Traditionen gekennzeichnet ist. Beides führte dazu, dass im Osten nichts entstand, was man sinnvollerweise «Mittelalter» nennen kann. Das Ordal ist ein bezeichnendes Beispiel für das immer stärkere Auseinanderklaffen zwischen Ost und West. Während sich im Kalifat allmählich ein Recht herausbildete, das in vielerlei Hinsicht eine Kontinuität zum Römischen Recht darstellte, in dem Prozesse nach rationalen Verfahren geführt wurden, die sich auf schriftliche, allgemein bekannte Texte stützten und in denen niemand in irgendeiner Form mit einem Eingreifen Gottes rechnete, setzten sich im Westen Gottesurteile in Form von

Feuer- und Wasserprobe und Kesselfang als Beweismittel durch. Erst im zwölften Jahrhundert wurden Zweifel an der Sinnhaftigkeit solcher Verfahren angemeldet, ehe es im Laufe des dreizehnten Jahrhunderts in Europa endgültig zur Abschaffung des Gottesurteils kam.[68]

P

Papier ist wiederum eine Innovation des Ostens, die dort zu einer Medienrevolution führte, die sogar tiefgreifendere Konsequenzen hatte als der Buchdruck. Diese Revolution ließ die islamische Welt vollends «unmittelalterlich» werden. Das Papier ist eine chinesische Erfindung, die sich Ende des achten Jahrhunderts in der islamischen Welt weithin durchgesetzt hat. «Drei Faktoren führten in der Zeit ab dem 9. Jahrhundert zu einer regelrechten ‹Explosion der Buchproduktion›: Neben der weiteren Verwendung des Papiers die Entwicklung neuer und besser lesbarer Schrifttypen sowie die Einführung der Karbon-Tinte. Dies führte dazu, dass das geschriebene Wort in unterschiedlichen Facetten einer großen lesenden Öffentlichkeit zugänglich war.»[69] Rasch entstand ein florierender *Buchmarkt*, für den wiederum neue Formen von Texten produziert wurden. So erfanden Autoren dieses Jahrhunderts das Nachschlagewerk (Lexika in Form von Wörterverzeichnissen gab es schon früher) als Buch, das man nicht mehr von vorne bis hinten durchlas, sondern ins Regal legen und bei Bedarf selektiv konsultieren konnte. Eines der frühesten erhaltenen Papiermanuskripte zeigt Tafel VII: eine im Jahr 252/866 geschriebene Seite aus einem Lexikon schwieriger Ḥadīṯausdrücke von Abū ʿUbayd.

Vor allem aber kam es zu einer Explosion der Produktion von weltlicher und religiöser Literatur, die die islamische Kultur zu *der* Buchkultur schlechthin werden ließ. Im Westen dagegen blieb bis ins dreizehnte Jahrhundert hinein Pergament (seltener Papyrus) der wichtigste Beschreibstoff. Einen (immer noch vergleichsweise bescheidenen) Buchmarkt gab es nicht vor dem Ende des dreizehnten Jahrhunderts.

Q

Die ***Quellen*** für die Geschichte der islamischen Welt sprudelten schon früh reichlich. Zunächst stand auch hier die religiöse Überlieferung in Form des Ḥadīṯ im Zentrum, doch schon bald vervielfältigten sich die Absichten der Historiker und ihre Genres. Autoren wie Hišām ibn al-Kalbī (gest. 204/819) studierten die vorislamische Geschichte und Kultur Arabiens. Abū Ḥanīfa ad-Dīnawarī (gest. 282/895) verfasste ein populärwissenschaftliches Geschichtsbuch für die persischstämmige Verwaltungselite, in dem der Islam erst nach dem Sturz des Sassanidenreichs vorkommt. Stärker heilsgeschichtlich orientiert ist die in ihrer englischen Übersetzung vierzigbändige Universalgeschichte aṭ-Ṭabarīs (224–310/839–923),[70] und wenig später präsentierte al-Masʿūdī (283–345/896–956) eine Kombination aus Geographie- und Geschichtswerk, in dem nicht nur die oströmischen Kaiser, sondern auch die fränkischen Könige verzeichnet waren. Damit sind nur einige wenige Leistungen der frühen arabischen Historiographie genannt, die ganz auf der Höhe der antiken Geschichtsschreibung stehen, denen das zeitgenössische Europa nichts Vergleichbares zur Seite zu stellen hatte.[71]

R

Religion wurde bereits angesprochen, soll aber wegen ihrer zentralen Bedeutung hier nochmals aufgegriffen werden. Zunächst sei darauf hingewiesen, dass ein Begriff wie der des «islamischen Mittelalters» auch deshalb irreführend ist, weil er eine besonders starke religiöse Orientierung der damit bezeichneten Gesellschaften suggeriert. Doch wurden, anders als es das Vorurteil will, in islamisch geprägten Gesellschaften keineswegs alle Lebensbereiche von Religion beherrscht. Vielmehr pflegte man neben den islamischen auch die nicht-islamischen Wissenschaften und schätzte und bewahrte das kulturelle Erbe der arabischen Heidenzeit. Darüber hinaus gab es eine weltliche Literatur (so war die Dichtung, einer der wichtigsten gesellschaftlichen Diskurse, vorwiegend weltlich) und neben der religiösen Elite eine Bildungselite, deren Ideal wesentlich an dieser weltlichen Literatur ausgerichtet war.

Aber nicht nur durch die Existenz einer bedeutenden säkularen Sphäre unterschied sich die islamische Welt von Europa, sondern auch darin, dass die Existenz anderer Religionen eine Selbstverständlichkeit war, wie unter dem Stichwort «Juden» bereits ausgeführt wurde. Anders als bei der Christianisierung des Römischen Reichs, bei der am Anfang Christen verfolgt und später nichtchristliche Religionen gezielt, teilweise gewaltsam, zurückgedrängt wurden, erwies sich das Vordringen des Islams für die bestehenden Religionsgemeinschaften als weit weniger folgenreich. Jüdische Synagogen wurden nicht zerstört, sondern, etwa in der islamischen Gründung Ramla, sogar neu erbaut. Für die Christen Syriens gilt Entsprechendes: «Churches were being built at the very moment the Muslim armies were passing through the area towards Damascus, and all of these churches show no evidence whatsoever that they suffered any appreciable damage or were destroyed.»[72] Auch in Iran blieb der Zoroastrismus lange die Religion der Mehrheit. Wann und warum sich dies änderte, ist Gegenstand heftiger, ideologisch verzerrter Querelen. Aussagekräftige objektive Forschungen – vor allem auch archäologisch fundierte – lassen auf sich warten.

S

Sexualität, schon unter dem Stichwort «Homoerotik» angesprochen, sei hier nochmals in allgemeinerer Weise thematisiert, denn schließlich gibt es kaum eine anthropologische Grundkonstante, die in den Kulturen auf so unterschiedliche Weise ausgeprägt ist. Vielleicht zeigt sich in der jeweiligen Konzeptualisierung von Sexualität einer der geschichtlich folgenreichsten Unterschiede zwischen Europa und islamischen (und vielen anderen) Gesellschaften. In der islamischen Welt wird Sexualität in bestimmten Diskursen auf jeweils andere Weise angesprochen. Doch weder in religiösem noch in nichtreligiösem Kontext erfolgt ihre prinzipielle Abwertung oder gar Verurteilung. Dem Koran und dem Vorbild des Propheten folgend, lässt sich Sexualität als positiver Bestandteil der göttlichen Weltordnung verstehen. So kann al-Ġazālī sagen, der Geschlechtsverkehr diene zwei Zwecken, nämlich erstens (man beachte die Reihenfolge) dem Menschen einen Vorgeschmack auf das Paradies zu geben und zweitens für Nachkommen zu sorgen.[73] Vor diesem Hintergrund wird verständlich, dass sich auch nichtreligiöse Diskurse etablieren und behaupten konnten, die Sexualität auf vielerlei Weisen thematisierten. Auf die Poesie wurde bereits unter den Stichwörtern «Homoerotik» und «Liebesdichtung» hingewiesen. Hier sei noch das Genre der *kutub al-bāh* «Bücher über den Geschlechtsverkehr» erwähnt. Dabei handelt es sich um sexualhygienische Ratgeber, die darüber aufklären, wie und unter welchen Umständen der Geschlechtsakt am gesündesten und genussreichsten praktiziert werden kann. Diese Bücher (zu denen später Schriften mit stärker literarischer Ausrichtung treten) setzten eine antike Medizintradition fort, die im Westen vollständig zum Erliegen kam.[74] Die Vorstellung eines mittelalterlichen Sexualratgebers erscheint geradezu abwegig.

T

Tiere und Pflanzen sollen hier nicht als Objekte naturkundlichen Studiums (hierzu siehe «Ysop»), sondern als Objekte ästhetischen Genusses betrachtet werden. Die europäische Literatur hat in diesem Bereich zwischen der *Mosella* des Ausonius und dem zwölften Jahrhundert wenig zu bieten: «Die Änderung der Mentalität wird vielleicht am besten bewußt, wenn man sich vergegenwärtigt, wie noch ein spätantiker Dichter wie etwa Ausonius 371 lebhaft, naturgetreu, detailliert und mit rhetorischem Aufwand das Verhalten eines gefangenen Fisches geschildert hatte und wie dann diese Art von Themen und diese Art, die Welt zu betrachten, völlig aus der Literatur verschwindet.»[75]

Die arabische Dichtung hatte hier schon in vor- und frühislamischer Zeit Bedeutendes geleistet, vor allem in den Tierepisoden (6.–8. Jahrhundert), in denen das Schicksal von Onagern (Wildeseln), Oryxantilopen und Straußen mit großer Naturgenauigkeit, deutlicher Empathie, aber gar nicht anthropomorphisierend geschildert wird.[76] Pflanzen kommen vor allem als Boten fruchtbarer Gegenden und Jahreszeiten vor. Man fühlt sich an den Natureingang des Minnesangs erinnert, dem man, trotz seiner Toposhaftigkeit, wohl nicht absprechen kann, ein «echtes» Naturgefühl widerzuspiegeln.[77] Doch sind wir mit dem Natureingang der Minnedichtung schon im zwölften Jahrhundert angelangt. Die arabische Dichtung geht hier viele Jahrhunderte voraus. Ḏū r-Rumma (gest. 117/735) etwa, der letzte große Vertreter der altarabischen poetischen Tradition, bevölkert seine Gedichte mit dermaßen vielen exakt beobachteten Pflanzen, Vögeln und anderem Getier, das nie zuvor bedichtet worden war, dass seine Freude an der Vielfalt der Natur unmittelbar zu spüren ist. Lange poetische Naturschilderungen finden sich in der Jagddichtung vom 2./8. Jahrhundert an. In urbanen Milieus der Abbasidenzeit erscheinen Blumenschilderungen etwa in der Weindichtung von Abū Nuwās, aus denen sich wenig später eine eigene Gattung entwickelt, die Blumen- und Gartendichtung, die mit dem Abbasidenprinzen Ibn al-Muʿtazz (247–296/861–908) einen ersten Höhepunkt erreicht. Eines seiner berühmten Naturepigramme beschreibt Tautropfen auf Blüten, die vom Wind bewegt werden:[78]

> Tautropfenreiter auf Pferden aus Blüten, angetrieben von den Peitschen der Winde in der Morgenfrühe.
> Bewegung über Bewegung, obwohl sie stillstehen. Für Herumreisende hält man sie, obwohl sie nicht reisen.

Die weitere Geschichte ist zu vielfältig, als dass sie hier erzählt werden könnte.[79] Im Jahre 1216, als ein Prediger im deutschsprachigen Raum die Menschen dafür tadelte, dass «Si schowent blumen vnd chle, / vnd wa der walt geloubet ste», anstatt in die Kirche zu gehen,[80] hatte man in arabischer Sprache schon ein schier unüberschaubares Korpus an Naturdichtung, die aus einem zweckfreien Genuss der Schönheit der Natur entsprossen war.

U

Urbanität könnte als Oberbegriff über mehreren der genannten Stichwörter stehen, ist doch die Bewahrung der antiken Stadtkultur der vielleicht wichtigste Faktor für die unterschiedliche Entwicklung in Europa und im Nahen Osten. Im Westen des Reichs verfällt die städtische Kultur der Antike zunehmend. «Wo eine urbane Hochkultur mit ihren philosophischen, künstlerischen und organisatorischen Errungenschaften auf einheitliche Lebensformen hingewirkt hatte, überwog nun ländlich orientierter Regionalismus.»[81] Das Ende antiker Urbanität hat jüngst Ward-Perkins mit vielen Details nachgezeichnet. Vom römischen Britannien ausgehend, erfasst der Niedergang der Stadtkultur eine römische Provinz nach der anderen, zuletzt (aber nicht mehr mit derselben Vehemenz wie die westlichen Provinzen) auch Konstantinopel.

Verschont bleiben lediglich Syrien und Ägypten.[82] Nicht betroffen sind auch die Städte des Sassanidenreichs. In diesen Regionen bewegt sich das städtische Leben auch nach der arabischen Eroberung in den alten Bahnen fort. Aleppo etwa, um dieses Beispiel herauszugreifen, ist noch im zehnten Jahrhundert fast identisch mit der römischen Stadt. Zu den (weiterhin genutzten) Synagogen und Kirchen sind Moscheen lediglich hinzugekommen. Im Südwesten erfolgte die Erweiterung um eine Vorstadt, und auf einer Flussinsel wurde von den Hamdaniden ein Palast erbaut.[83]

Dasselbe Bild allenthalben: Während die Städte im Westen schrumpfen, wachsen sie im Osten; während im Westen Städte von der Landkarte verschwinden, werden im Osten neue gegründet. So reiht sich die Gründung Bagdads 145/762 nur in mehrere Stadtneugründungen im Zweistromland ein. Im ohnehin dichtbesiedelten Palästina entsteht unter Sulaymān (reg. 96–99/715–717) Ramla. Noch im 1./7. Jahrhundert tritt al-Fusṭāṭ neben das alte Babylon als Hauptstadt Ägyptens, ehe es 359/970 von Kairo abgelöst wird. In der römischen Provinz *Africa* entwickelt sich die umayyadische Gründung Qayrawān rasch zum neuen Zentrum. Wenn alte Städte veröden, dann deshalb, weil sich Neugründungen in der Nachbarschaft als attraktiver erweisen (so etwa Kūfa, das an die Stelle al-Ḥīras tritt). Der Rückgang an Urbanität, der in der Spätantike und im frühen Mittelalter die Kultur Europas prägt, hat also in den Gebieten der islamischen Welt entweder nicht stattgefunden oder wird dort rasch kompensiert. So überzieht ein dichtes Netz von Städten den Nahen Osten, in dem das Handwerk blüht, Märkte florieren, Gelehrte die Wissenschaften pflegen und sich ein städtisches Bürgertum an Poesie erfreut.

V

Ihre ***Verkehrswege*** erbt die islamische Welt von den Römern und Persern, und es wird Sorge dafür getragen, dass sie weiterhin benutzbar bleiben. Dass die Straßen nicht mehr für den Wagenverkehr ausgelegt sind, geht auf eine Entwicklung zurück, die – regional unterschiedlich – schon Jahrhunderte vor dem Islam abgeschlossen war: Unter den Umweltbedingungen Nordafrikas und Vorderasiens erwies sich der Transport mit dem Kamel als wesentlich effizienter als der mit dem Wagen. Fahrzeuge mit Rädern spielten deshalb vor allem noch im Nahbereich eine Rolle. Der Fernhandel, die zahlreichen, oft weiten Bildungsreisen der Gelehrten und die Pilgerfahrt aus allen Teilen der islamischen Welt nach Mekka funktionierten unter den Bedingungen der Infrastruktur, die sich in der Spätantike herausgebildet hatte, weiterhin reibungslos, auch der Brückenbau kam nicht zum Erliegen.[84] Das für die Reichsverwaltung zentrale Postwesen, das einst die Römer von den Persern übernommen hatten, wurde in der Umayyadenzeit weitergeführt, von ʿAbdalmalik neu organisiert und umfasste Mitte des 3./9. Jahrhunderts das ganze Reich.[85] Der Osten widerstand damit einer Tendenz, die sich im Weströmischen Reich abzeichnete: «Die Völkerwanderung und die andauernden inneren Kriege reduzierten fast alle Kommunikationsmöglichkeiten, die Verkehrswege verfielen zunehmend, das Reisen wurde zu gefährlich. Damit verringerte sich der Handel deutlich, was eine Tendenz zur wirtschaftlichen Autarkie nötig machte.»[86]

W

Witze und Satiren fanden nur sehr langsam Eingang in das europäische Schrifttum. Antike Satiren wurden im Frühmittelalter zunächst nur gelesen. «Eigene Satiren … werden erst seit dem elften Jahrhundert überliefert.»[87] «Aber ein selbständiges Element des

Lebens konnte der Witz doch erst werden, als sein regelmässiges Opfer, das ausgebildete Individuum mit persönlichen Ansprüchen, vorhanden war.»[88] Natürlich gab es auch im Islam ethische Bedenken gegen das Verspotten anderer.[89] Trotzdem blühten Spott und Satire zu allen Zeiten. Schon der frühislamische Dichter al-Ḥuṭay'a (1./7. Jahrhundert) war berühmt für seine Spottlust, bei der er sich selbst nicht ausnahm. Dichter der Umayyadenzeit führten öffentliche Wettkämpfe in der Kunst gegenseitiger Beleidigung durch, und der Dichter, der unter dem Spitznamen *al-Bardaḫt* «der Vernachlässigte» in die Literaturgeschichte einging bzw. eben gerade *nicht* einging, war unglücklich darüber, dass seine Beleidigungen berühmter Kollegen nicht entsprechend erwidert wurden.[90] Rasch entwickelte sich eine reichhaltige humoristische Literatur, die in zahlreichen, oft mehrbändigen Witze- und Anekdotensammlungen ihren Niederschlag fand.[91]

X

Xenophobie war islamischen Gesellschaften, jedenfalls vor dem Import moderner nationalistischer Ideologien, fremd. Gastfreundschaft ist nicht nur ein altarabisches Nomadenerbe, sondern war (und ist) überall ein fest verankertes Ideal. Menschen und Orte, die es daran mangeln ließen, wurden früh Objekt bitterster Satiren, etwa im Buch der Geizhälse (*al-buḫalāʾ*) von al-Ǧāḥiẓ (gest. 255/868–869). Die multiethnischen Gesellschaften Nordafrikas und Westasiens gaben wenig Anlass zu Fremdenfeindlichkeit, und die hohe Ambiguitätstoleranz ließ den Fremden nicht zu einer Bedrohung eigener Identität werden. Das Wort *ġarīb* «fremd, Fremder» bezeichnet denn auch nicht den fremden Anderen, der in die eigene Welt einbricht, sondern denjenigen, der sich selbst fremd, verloren und einsam vorkommt. Fremdheit wird also vornehmlich aus der Ich-Perspektive gesehen und nicht als Bedrohung, die von außen kommt.[92]

Vorurteile gab es freilich auch hier zuhauf, und natürlich rekurrierten Gemeinschaften im islamisch geprägten Kulturraum ebenso auf eine Innen-Außen-Differenzierung, um zu einer eigenen Identität zu finden, doch spielt hierfür der Fremde eine weit geringere Rolle, als dies in Europa der Fall war (und ist):

> Das ethnozentrische Weltbild, das dem Mittelalter eigen war, tendierte dahin, «alle nicht zum eigenen Kulturkreis zählenden Menschen abzuwerten». Die Mitglieder dieser Gesellschaft nahmen ihre eigene Kulturform absolut. Eine solche Haltung verlieh der kulturexternen Alterität nach der dualistischen Ordnung des Weltbilds nicht allein ambivalenten Charakter, sondern auch überdimensionale und exzeptionelle Qualität. [...] Der im christlichen Abendland dominierende Ethnozentrismus interpretierte das Fremde unter dem Gesichtspunkt der Identitätsbildung, wofür «Vorurteile, Feindbilder, Stigmatisierungen und Kuriositäten» als wirksame Faktoren eingesetzt wurden.[93]

Als in der Zeit zwischen dem Ersten und dem Zweiten Kreuzzug der Dichter und Ingenieur Ibn al-Qaysarānī im Jahre 540/1145 dem Auftrag ʿImādaddīn Zangīs nachkam, die Festungen des Fürstentums Antiochien zwischen Anṭākiya und Aleppo auszukundschaften, nutzte er die Gelegenheit, einen Gedichtzyklus von 21 Liebesgedichten auf die hübschen Christinnen und Christen, Franken und Einheimischen, denen er auf seiner Reise begegnet war, zu verfassen.[94] Der umgekehrte Fall, dass Dichter aus den Reihen der Kreuzfahrer Liebesgedichte auf Musliminnen und Muslime verfasst hätten, ist ganz und gar unvorstellbar.

Y

Ysop und Gamander sind zwei Pflanzen aus der Familie der Lippenblütler (Lamiaceae), die im neunten Jahrhundert von einem lateinischen und einem arabischen Autor beschrieben wurden. Ein Vergleich dieser beiden Pflanzenbeschreibungen lässt zwei völlig verschiedene Zugänge zur Natur erkennen. Hrabanus Maurus (gest. 241/856) stellt den religiösen Symbolgehalt der Pflanze heraus, ohne Interesse für ihr Aussehen zu zeigen:[95]

> Der Ysop ist eine demütige Pflanze, deren Wurzeln in den Fels eindringen. Das bedeutet: die Demut der Reue oder die Taufe, so wie es im Psalter heißt: «Besprenge mich mit Ysop, damit ich gereinigt werde.» (Psalm 51:9)

Im «Pflanzenbuch» *Kitāb an-nabāt* des Abū Ḥanīfa ad-Dīnawarī (gest. 282/895) kommt der Ysop nicht vor. Stattdessen sei die Beschreibung eines anderen Lippenblütlers, des Polei-Gamanders (*ğaʿda* = *Teucrium polium*), herangezogen. Die eher kurze, für dieses Buch dennoch typische Beschreibung lautet:[96]

> Polei-Gamander (*ğaʿda*): Ein Beduine hat mir berichtet, dass der Wuchs des Polei-Gamanders demjenigen des Indigostrauchs (*ʿiẓlim* = *Indigofera coerulea*?) gleicht, nur dass der Polei-Gamander staubfarben ist und duftet. Seine Früchte ähneln dem Fruchtstand des Kamelgrases (*iḏḫir* = *Cymbopogon schoenanthus*), nur dicker, quasi verfilzt, weich, geeignet, um damit Kissen auszustopfen. Weiter sagt er: Er wächst in den Bergen. Ein anderer Beduine sagt: Der Polei-Gamander ist grünlich und staubfarben, wächst in den Bergen. Etwas in (der Blüte) hängt herab wie der Kehllappen eines Hahns. Mit ihm werden Polster ausgestopft und er riecht gut. Beide Beschreibungen liegen dicht beieinander. Wie Abū Naṣr mitteilt, ist der Polei-Gamander eine immergrüne Pflanze.

Abū Ḥanīfas Beschreibung hat einen wissenschaftlichen Charakter und ist in allen Punkten korrekt. Er kennt den Namen der Pflanze aus der philologischen Überlieferung, die er auch zitiert (Abū Naṣr al-Bāhilī, gest. 231/845). Um genaue Angaben über das Aussehen der Pflanze zu erhalten, befragt er aber zwei Beduinen, die sie vom Augenschein her kennen. So erfährt er sogar ein Detail wie die stark ausgeprägte Lippe der Blüte dieses Lippenblütlers.[97] Durch einen Vergleich zweier Aussagen überprüft er deren Stichhaltigkeit. Religion hält er weder hier noch an irgendeiner anderen Stelle seines umfangreichen Werks für thematisch relevant, noch nicht einmal bei Pflanzen, die im Koran genannt werden.[98] Die frühe arabische Botanik entwickelte sich aus der Lexikographie heraus und beruhte nicht auf einer Übersetzung griechischer Schriften. Allenfalls ließen sich Pflanzenkundler wie Abū Ḥanīfa vom Aufblühen der antiken Wissenschaften in methodischer Hinsicht inspirieren.

Z

Ziffern und ***Zahlen*** mögen als Stichworte für die gänzlich unterschiedliche Entwicklung der Rechenkunst und der Mathematik in Europa und im Nahen Osten dienen. Auch hier lässt sich in Europa ein Einbruch feststellen, der diese Region nicht nur vom Nahen Osten, sondern auch von weiten Teilen der übrigen Welt abkoppelte. Ein bezeichnendes Beispiel «ist der Abakus. Dieses einfache technische Hilfsmittel für mathematische Berechnungen war bereits in der Antike vom Römischen Reich bis nach China bekannt. Im frühen Mittelalter war der Abakus aus der westlichen Welt verschwunden. Seine Wiedereinführung kann vergleichsweise genau datiert und nachgewiesen werden», nämlich auf das Ende des zehnten Jahrhunderts, als Gerbert von Aurillac ein Werk über den Abakus verfasste, das auf die Arbeit eines arabischsprachigen Gelehrten aus al-Andalus zurückging.[99] Im Nahen Osten ist der Abakus nie außer Gebrauch gekommen, wie überhaupt die mathematischen Kenntnisse der Antike dort ohne Unterbrechung gepflegt wurden.[100] Erst durch Gelehrte wie Gerbert und Adelard von Bath (ca. 1090–1160) kam dieses Wissen, vermittelt durch die Araber, wieder in den Westen.

Währenddessen hatte sich im Osten aber eine Revolution vollzogen, die nur möglich war, weil das islamische Reich sowohl die Nachfolge der römisch-griechischen als auch der persischen Antike war, in der man auch indisches Wissen rezipiert hatte. Letzteres erwies sich gerade auf dem Gebiet der Mathematik und der Astronomie als besonders ergiebig, und durch die Synthese beider Traditionen erreichte die arabische Mathematik schnell eine führende Stellung.[101] Als besonders folgenreich erwies sich die Einführung der indischen Ziffern und der Null, die sich in Europa erst Jahrhunderte später durchsetzten. Die indischen (also «arabischen») Ziffern waren im Nahen Osten schon Mitte des siebten Jahrhunderts bekannt, als sie der Syrer Severus Sēbōẖt pries. Sēbōẖt war Bischof von Qinnasrīn, des antiken Chalkis, einer Stadt, die später ihre Bedeutung an das fünfundzwanzig Kilometer nördlich gelegene Aleppo verlor. Sēbōẖt, der 666–667 n. Chr., also schon nach der arabisch-islamischen Eroberung, in hohem Alter verstarb, beherrschte sowohl Griechisch als auch Mittelpersisch und verfasste in syro-aramäischer Sprache astronomische und mathematische Werke.[102] Eines seiner bekanntesten ist eine Abhandlung über das Astrolab, das vielleicht wichtigste astronomische Instrument der Vormoderne. Arabische Astronomen, die sich auf noch bessere Quellen stützen konnten, verbesserten das Gerät rasch und fügten weitere Linien hinzu. Tafel VIII zeigt das älteste erhaltene Astrolab, das auf das Jahr 315/927 datiert ist (Höhe 22,5 cm, Durchmesser 17,5 cm).[103]

Auch im Bereich des Rechnens und der Mathematik unterschied sich der Nahe Osten von Europa sowohl durch die *Kontinuität* antiker Praxis als auch durch die *Fortentwicklung* antiken Wissens und ging damit einen dem des Westens genau entgegengesetzten Weg.

*

All diese Beispiele aus der Sozial-, Alltags-, Wirtschafts-, Mentalitäts- und Geistesgeschichte zeigen, dass im Nahen Osten kein Bruch stattgefunden hat, der der Transformation der Spätantike im Westen vergleichbar ist. Zwar findet auch im Osten ein Wandel statt; dieser verläuft aber in vielem in eine andere Richtung, als Europa sie einschlägt. Dies führt wiederum dazu, dass sich nach einiger Zeit die Lebensverhältnisse des Westens immer stärker von denen des Ostens unterscheiden. Im Osten sind es vor allem folgende Entwicklungen, die dafür verantwortlich sind:

(1) Weiterleben der Spätantike: Vor allem dank der Kontinuität der antiken Urbanität bestehen die entsprechenden Lebensverhältnisse vielfach ungebrochen fort.

(2) Wiederaufleben von Vorstellungen der vorchristlichen Antike: In der Spätantike wurden vielfach Vorstellungen, Haltungen und Wissensbestände, die in der Antike vor der Christianisierung von zentraler Bedeutung waren, marginalisiert oder unterdrückt. Einiges davon lebte in den Städten des Ostens dennoch fort und konnte nach Beginn der islamischen Herrschaft wieder stärker ins Zentrum rücken. So entsteht hin und wieder eher der Eindruck einer Kontinuität der Antike als eines direkten Anknüpfens an die christliche Spätantike (siehe «Homoerotik», «Naturwissenschaften», «Sexualität»).

(3) Eigenständige Entwicklungen, die Errungenschaften der Neuzeit vorwegnehmen: Die Kontinuität der Urbanität, das damit verbundene hohe kulturelle Niveau, die religiöse Pluralität und die Existenz eines säkularen Sektors der Gesellschaft bilden einen fruchtbaren Nährboden für Prozesse, die im Westen erst im Spätmittelalter oder der Neuzeit einsetzen (siehe «Papier», «Quellen», «Witze und Satiren»).

(4) Keine «Barbarisierung» (siehe «Ordal»), da die das Reich erobernden Araber, anders als die germanischen Eroberer im Westen, schon seit Jahrhunderten Teil der antiken Zivilisation waren. Das alte Bild des primitiven Wüstenarabers ist längst widerlegt.[104] Allein die Verbreitung von Schriftkenntnissen lässt den Kontrast zu Germanien deutlich werden. Tatsächlich ist die arabische Halbinsel von zigtausend arabischen vorislamischen Inschriften regelrecht überzogen. In einer zentralarabischen Stadt wie Ḏāt Kāhilum

flossen hellenistische Einflüsse aus allen Teilen der antiken Welt zusammen.[105] Die mächtigen Stämme hatten im Großviehnomadismus ihre wirtschaftliche Basis, doch ließ man die Kamele von Sklaven hüten und beschäftigte sich stattdessen mit Kriegführung und einer hochkomplexen Kunstdichtung: «There were thriving cities in Arabia, old foundations, as civilized as any in Syria or ʿIraq [...]. The Christian and Jewish communities were large, and not mainly foreigners. Arabs had faced the formidable Abyssinians. Military leaders had fought men trained in Persian armies on equal terms. Princes had dealt with international affairs.»[106] Die hochentwickelte Sprachkultur Arabiens war Voraussetzung dafür, dass die Einführung des Arabischen als einheitliche Verwaltungssprache des Reichs und die Ablösung des Griechischen als Wissenschaftssprache so rasch und so erfolgreich gelingen konnten.

Bewahrung und Fortentwicklung der antiken Kultur kennzeichnen somit den Osten, weshalb es dort auch keine Renaissance geben konnte: Wo nichts gestorben ist, kann auch nichts wiederbelebt werden. Für einige europäische Historiker, die gewohnt waren, Europa als einzigen Erben der Antike gelten zu lassen, war dies ein schwer erträgliches Faktum, und so wurden die merkwürdigsten Strategien verfolgt, um das europäische Antikenmonopol zu retten. Eine davon besteht darin, den Bewahrern der antiken Kultur deren Zerstörung vorzuwerfen. Der Klassiker dieser Theorie ist Henri Pirenne, dessen These zwar gründlich widerlegt ist, von der sich aber der Kirchenhistoriker Arnold Angenendt dennoch nicht ganz verabschieden will:

> Die von dem belgischen Historiker Henri Pirenne in seinem berühmten Buch »Mohammed und Karl der Große« (1938) vertretene These, daß erst die arabische Eroberung der südlichen Mittelmeerländer die Antike zerstört und den Schwerpunkt der christlich-europäischen Ge-

> schichte in den Norden verschoben habe, (...) ist wirtschaftsgeschichtlich gewiß fraglich, nicht aber im Blick auf die politischen, kulturellen und religiösen Auswirkungen.[107]

Und nun wird, in eigenwilliger Deutung der Tatsachen, jene Kultur, die das antike Erbe am besten bewahrte, als deren Zerstörer gebrandmarkt:

> Die arabischen Eroberungen sprengten endgültig den um das Mittelmeer gelegenen Großraum der antiken Lebenswelt und zerstörten vor allem dessen kulturelle und religiöse Einheit. [...] Eine jahrhundertealte, von selbstverständlichem Zusammengehörigkeitsgefühl beseelte Einheit zerbrach. Wohl nahm das islamische Großreich auf seine Weise am Erbe der Antike teil, aber die Religion schied tiefer und ließ zwei Welten entstehen.[108]

Demnach hat also nicht das Ende der antiken Stadtkultur im Westen die kulturelle Einheit der antiken Lebenswelt zerstört, sondern deren Fortleben im Osten; nicht der religiöse Absolutismus des Christentums, im Zuge dessen alle anderen Religionen bis auf das Judentum ausgelöscht wurden, hat die Antike in diesem Bereich beendet, sondern der Islam, der sich dort, wo er siegreich war, lediglich *neben* das Christentum und die noch übrigen anderen Religionen stellte und damit die antike Religionspluralität wenigstens in gewissem Maße wiederherstellte. Nicht die Kontinuität der Antike ließ «zwei Welten entstehen», sondern der nicht ganz ungewöhnliche Vorgang des Aufkommens einer neuen Religion. Aber die islamische Kultur darf kein antikes Erbe beanspruchen. Der Islam kann nur «auf seine Weise» – also eben nicht richtig – daran teilnehmen, und so werden die Totengräber der antiken Wissenschaften zu deren einzig legitimen Erben erklärt und deren Bewahrer zu kulturellen Spaltern. Wer aber wirklich die «beseelte Einheit» zerbrach, wird spätestens dann deutlich, wenn man den dritten Hauptakteur in die Betrachtung einbezieht: das mit Konstantinopel in ununterbrochener Kontinuität fortbestehende Römische Reich, das in der westlichen Historiographie als «byzantinisches» Reich terminologisch verfremdet und um seine Kontinuität betrogen wird, während es für die Araber weiter als «Rūm», also Rom, fortbesteht. Das Verhältnis des Westens zu «Byzanz» war nun allerdings ebensowenig von einem Zusammengehörigkeitsgefühl beseelt wie dasjenige zum Kalifat. Osmanische Sultane sahen sich hingegen durchaus als Nachfolger des römischen Kaisers. So bestand die erste Amtshandlung Mehmets II. nach der Eroberung Konstantinopels in der Einsetzung eines neuen Patriarchen.

Wenn es aber jene Transformation, die Europa von der Antike zum Mittelalter führte, im Osten nicht gegeben hat, wenn also die Antike dort nie wirklich untergegangen ist, ist es auch nicht sinnvoll, von einem «Mittelalter» zu sprechen. In der Tat hat die Rede vom «islamischen Mittelalter» keinen anderen Sinn, als die europäische Deutungshoheit über die Weltgeschichte zum Ausdruck zu bringen.

Übrigens dürfte ein Durchspielen des «A–Z des Mittelalters» für die Tangzeit mit ziemlicher Sicherheit ein Ergebnis liefern, das die Verhältnisse in der islamisch geprägten Welt des «Frühmittelalters» in vielfacher Hinsicht weit stärker an diejenigen Chinas heranrücken lässt als an diejenigen West- und Mitteleuropas. Doch das mögen Leute mit größerer sinologischer Kompetenz entscheiden.

3. Auf der Suche nach dem ganzen Bild: Vom Mittelmeer bis zum Hindukusch

Welche Argumente verbleiben, um den Begriff eines islamischen Mittelalters zu rechtfertigen? Die sechsundzwanzig Kontraevidenzen des vorhergehenden Teils stellen nur einen Bruchteil aller möglichen dar, weshalb der Ausdruck «islamisches Mittelalter» als einigermaßen restlos dekonstruiert gelten dürfte. Nun könnte man argumentieren, dass gerade weil der Begriff schon so weit dekonstruiert ist und seine Problematik so weit bekannt ist, er deshalb problemlos verwendet werden könne. Doch der Begriff des Mittelalters, noch mehr der des islamischen Mittelalters, verweilt nicht in der Quarantäne geschichtswissenschaftlicher Institute, wo er durch Dekonstruktion dekontaminiert werden kann. Der erste Teil dieses Essays sollte vielmehr zeigen, dass er keineswegs harmlos ist, sondern, als Begriff von hoher politischer und gesellschaftlicher Brisanz, eine interessengeleitete Sichtweise auf die Welt vermittelt. Es ist der Moment erreicht, in dem gilt: «Wenn wissenschaftliche Wahrheiten an das Ende ihrer historischen Laufzeit gelangen, werden sie als narrative Konstruktionen entzifferbar. Sie können die Kontraevidenzen, die ihnen bis dahin erstaunlich ungefährlich waren, nicht länger aus dem Blickfeld rücken: die Sprecherposition, von der aus sie konstruiert wurden, gewinnt klare Konturen, und es wird zugleich offensichtlich und anzweifelbar, dass sie eine bestimmte Wir-Gruppe begünstigt, von der andere ausgeschlossen bleiben.» Mit dem Mittelalterparadigma verhält es sich nicht anders als mit dem Säkularisierungstheorem, das Albrecht Koschorke zu seinen Überlegungen führte. Auch dieses «gedeiht auf dem Nährboden einer abendländischen Zivilisierungsmission, die sich gleichermaßen nach außen wie nach innen richtet».[1]

Es gibt aber, neben all den genannten Argumenten, noch einen letzten Grund, warum es sinnvoll ist, den Begriff des islamischen Mittelalters zu vermeiden. Von besonderer Bedeutung ist nämlich, dass durch seine Verwendung der Blick auf eine angemessenere Periodisierung verstellt wird, wie sie Garth Fowden mit seinem *First-Millennium*-Konzept entwickelt hat. Doch bevor wir uns dieser alternativen Epochengliederung zuwenden, sind einige grundsätzliche Überlegungen zu Periodisierungen am Platze.

Epochenkonstruktionen

Über den Sinn und Unsinn von Epochengliederungen ist viel gestritten worden. Die Diskussionen sollen hier nicht aufgewärmt werden, nur so viel sei festgestellt: Jede Epochengliederung ist zunächst eine Konstruktion, bei der die Objekte, also die einer bestimmten Epoche zugewiesenen Menschen, nie oder selten ein Mitspracherecht haben. Caesar wusste genauso wenig, dass er in der «Antike» lebte, wie irgendeine Person des Mittelalters – ein besonders krasses Beispiel – es sich hätte einfallen lassen, sie sei ein Mensch eines gewissen «Mittelalters». Beide hätten gar nicht verstanden, wovon die Rede ist. Selbst dort, wo Epochenbegriffe aus der betreffenden Zeit selbst stammen (in der deutschen Literaturgeschichte etwa «Sturm und Drang» oder «Biedermeier»), sind sie erst in der Rückschau zu Epochengliederungen geworden. Diese sekundäre Konstruktion ist die eine Seite, über die hier nicht weiter diskutiert werden soll. Uns genügt es, dass Epochenbegriffe existieren, ständig verwendet werden und manchmal, etwa bei der Untergliederung einer mehrbändigen Weltgeschichte, schwer zu vermeiden sind. Dass sie voll Ambiguität sind und sein müssen, steht ambiguitätsfrei fest. Dass sie sowohl schädlich als auch nützlich sein können, ist naheliegend. Ihr größter Nutzen

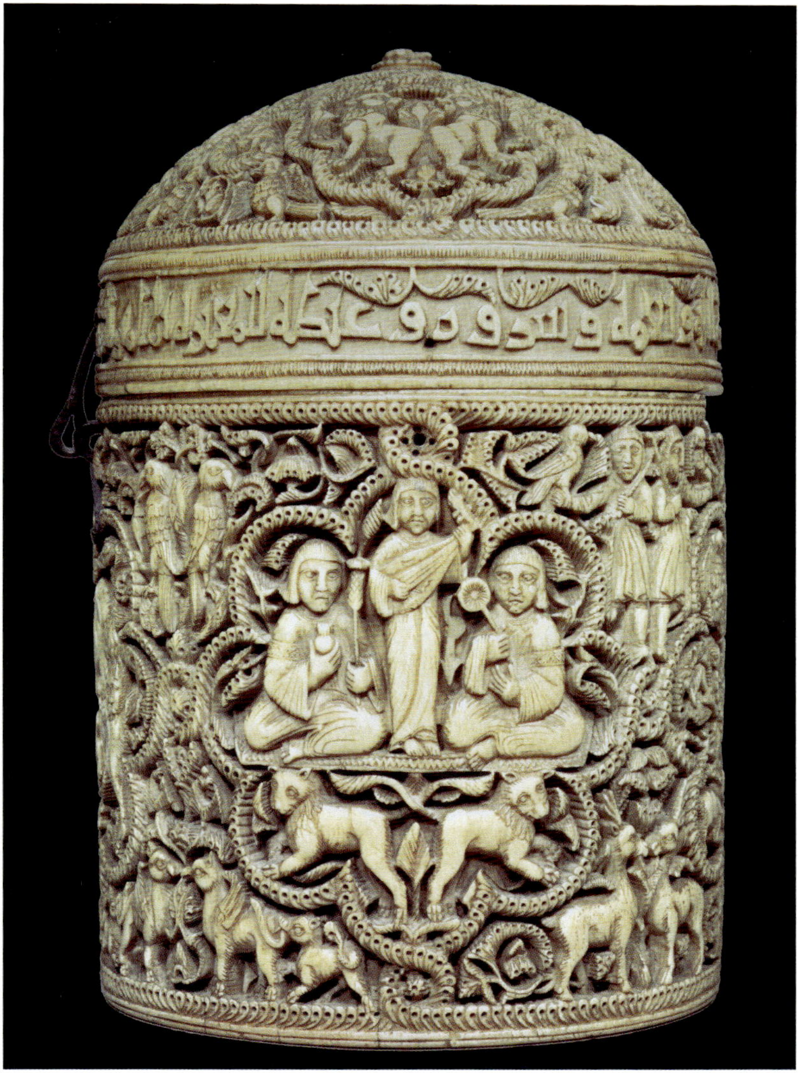

TAFEL I

Elfenbeinpyxis für den umayyadischen Prinzen al-Muġīra,
Córdoba 968

TAFEL II

Papyrus über den Verkauf landwirtschaftlicher Produkte (Vorder- und Rückseite), Ägypten 753

TAFEL III

Blick auf «Haus XVIII» der ländlichen Siedlung Umm al-Ǧimāl in Nordjordanien, 6.–7. Jahrhundert

TAFEL IVa

Glasflasche, die mit Applikationen eine Kamelfigur bildet, Syrien oder Ägypten, 7.–8. Jahrhundert

TAFEL IVb

Kelchglas in sassanidischer Tradition, Iran, 7.–9. Jahrhundert

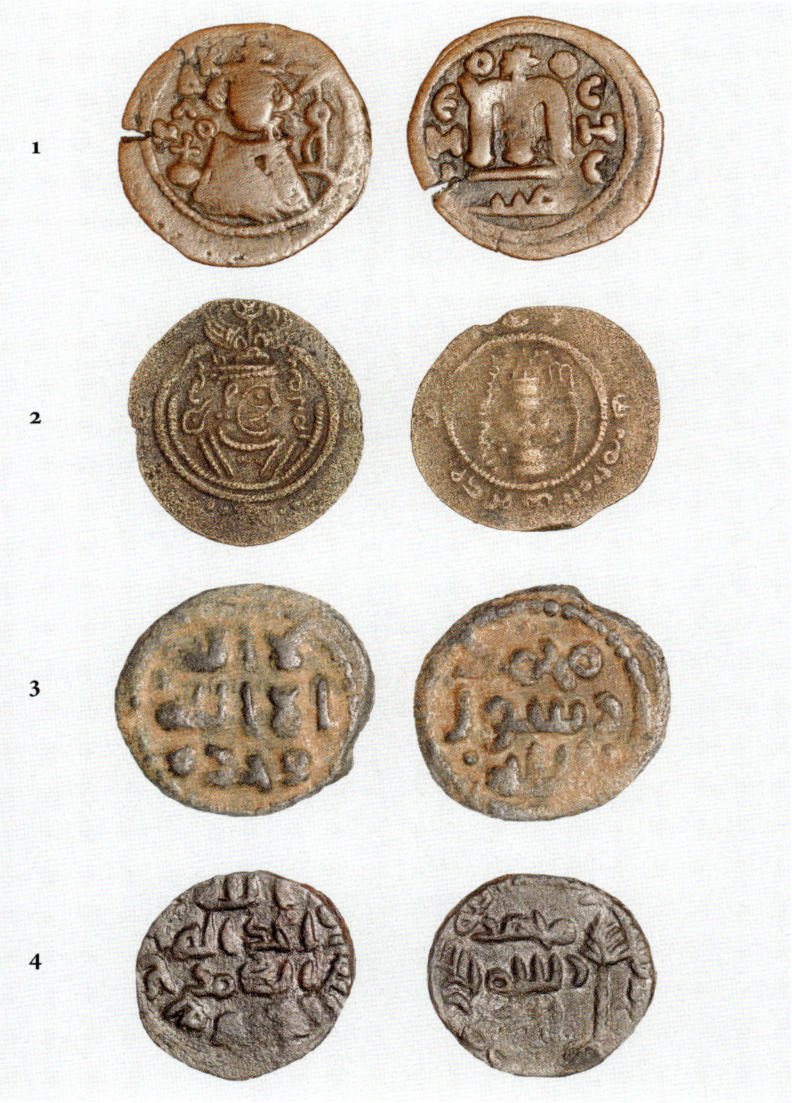

TAFEL V

Vier Kupfermünzen aus der Umayyadenzeit:
1: fals aus Homs, um 685;
2: arabo-sassanidische Kupfermünze, Dārābǧird (Südiran) 699;
3: bildloser fals des Reformtyps mit dem islamischen Glaubensbekenntnis;
4: fals aus Tiberias, um 734

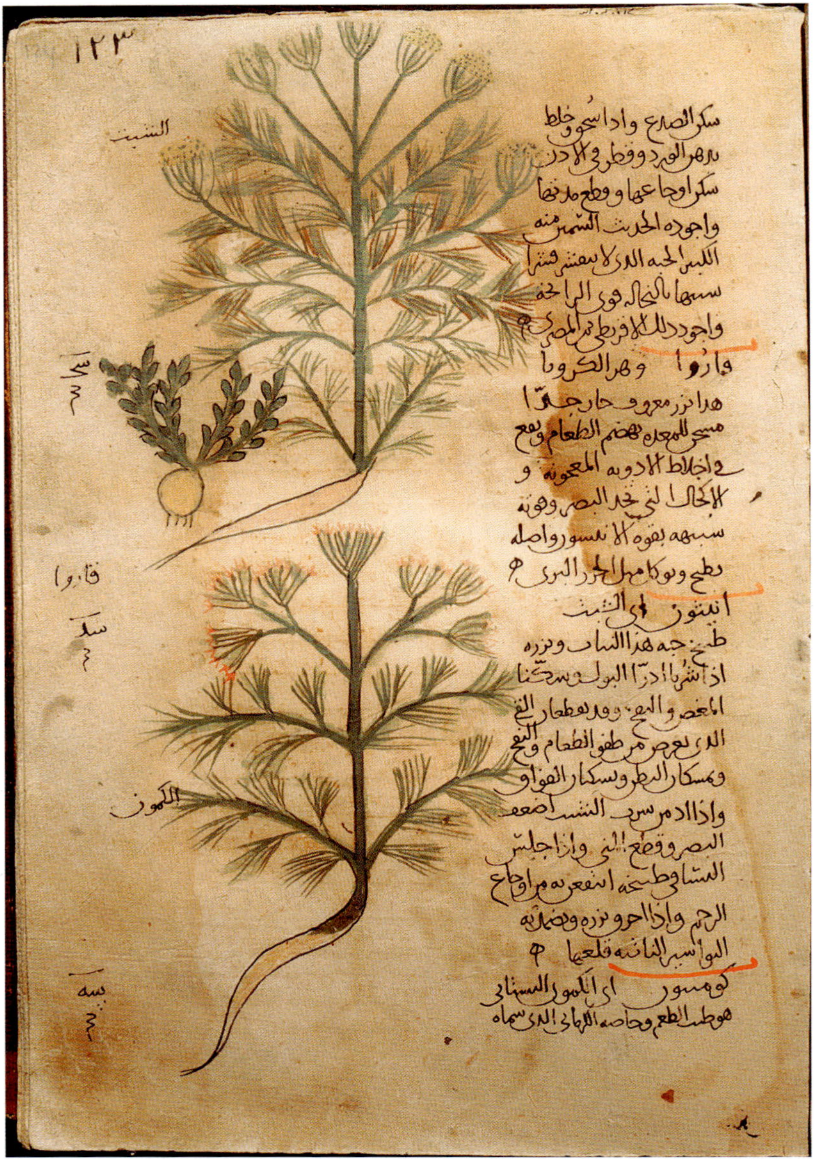

TAFEL VI

Illustriertes Manuskript aus der Materia medica des Dioscurides mit Darstellung des Dills und des Kreuzkümmels, Samarkand 1083 (nach einer Vorlage aus dem 10. Jahrhundert)

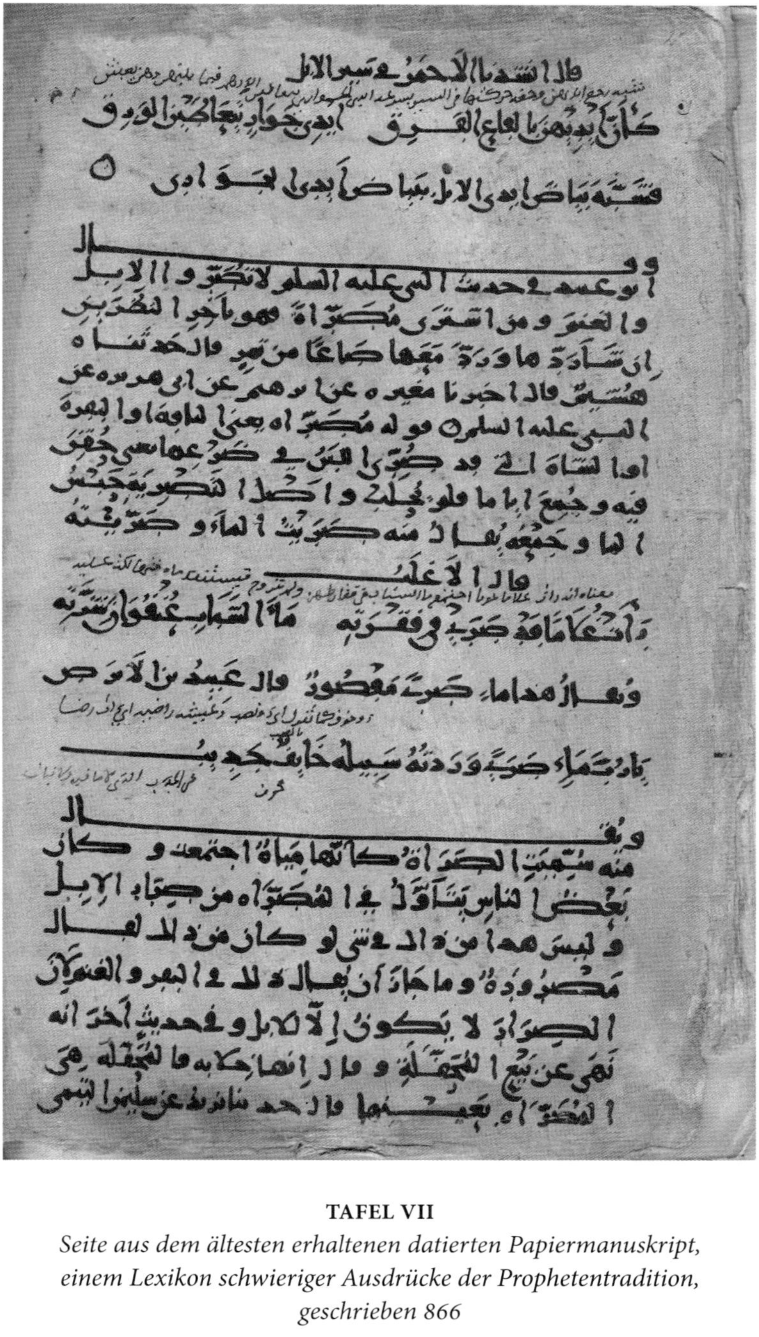

TAFEL VII

Seite aus dem ältesten erhaltenen datierten Papiermanuskript, einem Lexikon schwieriger Ausdrücke der Prophetentradition, geschrieben 866

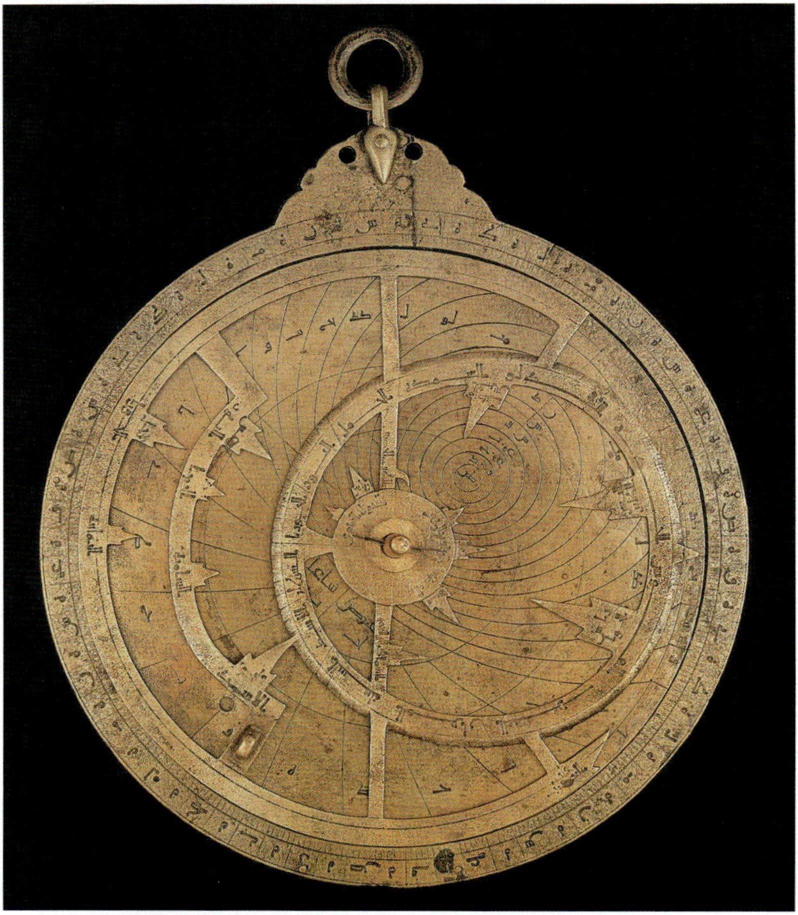

TAFEL VIII

Das älteste bekannte datierte Astrolab, gefertigt im Jahr 927

besteht vielleicht darin, dass eine Diskussion um sie lehrreich sein kann.

Also wenden wir uns der anderen Seite dieses Terminus zu, seinem Anspruch nämlich, nicht willkürlich zu sein, sondern wesentliche Züge der Realität abzubilden. Um dies zu leisten, sollte ein Epochenbegriff, der einen geschichtlichen Zeitraum im Ganzen benennen will (also nicht etwa nur die Literatur-, Musik- oder Technikgeschichte), folgende vier Voraussetzungen erfüllen:

(1) Er sollte **wertungsfrei** sein, also nicht mit negativen oder positiven Konnotationen vorbelastet. Dies ist bei dem Begriff «Mittelalter» ganz offensichtlich nicht der Fall, auch wenn dies etwa Jacques Le Goff anders sieht, indem er schreibt: «Wie mir scheint, hat der Begriff ‹Mittelalter› im Laufe der Geschichte seine negative Konnotation abgeschüttelt. Am besten behalten wir ihn bei, weil es bequem ist, ihn weiter zu verwenden.»[2] Das ist freilich ein schwaches Argument. Bequemlichkeit ist keine Rechtfertigung für eine Terminologie, die den Anspruch erhebt, wissenschaftlich stichhaltig zu sein. Zudem hat Teil 1 des vorliegenden Buches zur Genüge gezeigt, dass diese Behauptung schlichtweg falsch ist. Was für akademische Mittelalterhistoriker gilt, wenn sie über Europa sprechen, gilt noch lange nicht für Journalisten, wenn sie sich über das «islamische Mittelalter» auslassen. Auch Lindberg und Shank betonen, dass die Rede vom islamischen oder chinesischen Mittelalter andere Kulturen mit den wenig schmeichelhaften Konnotationen einfärbt, die der Mittelalterbegriff in der Alltagssprache und in Zeitungen nach wie vor hat.[3] Le Goff hat immerhin recht mit seiner Aussage, die Wertung von Epochen sei veränderlich. Gerade deshalb sollte man auf Begriffe mit entsprechendem Inhalt verzichten. Dies betrifft auch die ganze Nomenklatur von «Blüte» und «Verfall», von «klassisch» (wenn es wertend im Sinne von «Höhepunkt» und «Blütezeit» gebraucht wird) und seinen Derivaten «vor-» bzw. «nachklassisch».[4]

(2) Ein sinnvoller Epochenbegriff sollte **großräumig** gelten, denn

es gilt, eine Großepoche als sinnvoll zusammenhängenden Teil der Weltgeschichte zu verstehen. Dabei muss zum einen der «lokalgeschichtlichen Versuchung» widerstanden, zum anderen vermieden werden, einen zu kleinen oder zu großen geographischen Raum zu betrachten.

Die «lokalgeschichtliche Versuchung» besteht darin, Periodisierungen an der Geschichte einer einzigen Stadt oder Region festzumachen. So wird häufig der Aufstieg und Niedergang Roms auf das gesamte Römische Reich bezogen. Aber auch Historiker des arabischen Raums sind der Verallgemeinerung immer wieder zum Opfer gefallen, indem sie die Geschichte Bagdads zum Dreh- und Angelpunkt ihrer Geschichtsbetrachtung werden ließen. Bagdad wurde 145/762 als Hauptstadt eines immensen Reiches gegründet, war für mehrere Jahrhunderte kultureller und wissenschaftlicher Mittelpunkt eines ganzen Weltteils und erlebte eine Periode sinkender Bedeutung («Stagnation und Verfall» lauten gängige Stichwörter), ehe die Mongolen die Stadt 656/1258 unter Hülägü zu großen Teilen verwüsteten und entvölkerten. Zahlreiche Historiker in Ost und West haben sich nun in dieses Datum 1258 verbissen und lassen mit ihm die «Blütezeit» der arabischen, wenn nicht gar der gesamten islamischen Welt enden. Sogar in gängigen Literaturgeschichten taucht 1258 als Schlüsseldatum auf. Nun hatte der Mongolensturm zwar gerade für die besonders blühenden Regionen zwischen Iran und Transoxanien verheerende, lang andauernde Auswirkungen. Für die arabische Literaturgeschichte ist 1258 aber ein völlig irrelevantes Datum, nicht anders als für die gesamte Geschichte der Literaturen, Kulturen und der Wissenschaften in islamisch geprägten Gesellschaften: Die Gebiete östlich von Bagdad hatten sich lange zuvor vom Arabischen als Literatursprache emanzipiert und waren zum Persischen übergegangen. Kulturell erlebte diese Region unter Hülägüs Nachfolgern, den Īlḫānen, eine große Blüte. Die arabische Welt wiederum hatte schon im zwölften Jahrhundert in Damaskus und Kairo ihre neuen kulturellen und literarischen Zentren gefunden, die sich in den folgenden Jahrhunderten auf das Prächtigste entfalteten. Das Datum 1258 ist aber deshalb so verführerisch, weil es ermöglicht, viel später eintretende krisenhafte Entwicklungen dieses Raumes den Mongolen in die Schuhe zu schieben. Dies ändert nichts daran, dass die Eroberung Bagdads 1258 für die gesamte islamische Welt etwa so wichtig war wie die Zerstörung Speyers im Pfälzischen Erbfolgekrieg 1689 für Europa: Beides waren regionalgeschichtlich einschneidende Katastrophen, und jede Geschichte des Irak bzw. der Pfalz wird mit diesen Daten ein neues Kapitel beginnen lassen. Bei einer großräumigeren Betrachtung verlieren die Ereignisse aber schnell ihren epochemachenden Charakter, wie überhaupt Kriege, Katastrophen und Machtwechsel nicht selten in ihrer weltgeschichtlichen Bedeutung überschätzt werden und sich eher selten für Epochengliederungen heranziehen lassen.

Die zweite Versuchung besteht darin, einen zu großen oder zu kleinen Raum für die Konstituierung von Großepochen zu wählen, wie überhaupt der Frage der geographischen Ausdehnung im Vergleich zur Zeitfrage oft zu wenig Aufmerksamkeit gewidmet wird.

Das Privileg, weltweit geltende Menschheitsepochen zu konstruieren, haben nur Urgeschichtler und Historiker der globalisierten Moderne. Erstere bestimmen aufgrund relativ weniger Merkmale Epochen (etwa das Neolithikum, die Jungsteinzeit), die wiederum in einzelnen Weltteilen zu höchst unterschiedlichen Zeiten, oft um Jahrtausende versetzt, auftreten. Letztere haben es im Grunde mit nur einer einzigen Epoche zu tun, die sie allenfalls in kleinere Perioden unterteilen können. Generell gilt, dass sich die Weltgeschichte umso synchroner vollzieht, je näher sie der Gegenwart kommt. Während die Bronzezeit abhängig von der Region zu einem jeweils um Jahrhunderte auseinanderliegenden Zeitpunkt beginnt, gibt es in der globalisierten Gegenwart so gut wie keine Gebiete mehr, die man einer anderen Epoche zuweisen könnte. Im «Mittelalter» ist eine solche Synchronität in relativ großen geographischen Räumen schon erreicht, aber viele Weltteile sind davon noch weitgehend unberührt und haben ihre eigenen Epochen.

Für solche Zeiten gilt es Regionen zu definieren, die, um es sehr weit zu formulieren, auf leicht nachvollziehbare Weise miteinander zu tun haben. Dieses «Zu-tun-Haben» lässt sich immer als Kommunikation fassen, Kommunikation in Form von kulturellem Austausch, intensivem Handel oder persönlichen Kontakten. Dies muss nicht friedlich vor sich gehen. Auch Wetteifern und Kriege sind eine Art der Kommunikation. Darüber hinaus kann der Austausch über ein gemeinsames Erbe ebenfalls Perioden geringerer direkter Kontakte überbrücken und in eine wieder stärker gemeinsam erlebte Zukunft münden. Wie intensiv diese Kommunikation sein muss, bleibt freilich Ermessenssache. Der Periodisierungsansatz von Garth Fowden ist auch deshalb so erfolgreich, weil sich der Autor mit guten Argumenten gegen den in Europa verbreiteten Mittelmeer-Zentrismus wendet. Fowden nimmt bei seinen Untersuchungen vielmehr den Gesamtraum vom Mittelmeer bis zum Hindukusch mit einem Zentrum in Syrien und Mesopotamien in sein Blickfeld. Das Ergebnis ist überzeugend. Einziger Wermutstropfen ist die Tatsache, dass es keinen eingebürgerten Namen für diese Region gibt. Fowden nennt ihn den «Eurasian Hinge».[5]

(3) Epochen müssen **umfassend lebensprägend** sein. Es ist sinnvoll, Epochengrenzen nur dann anzusetzen, wenn tatsächlich alle oder doch sehr viele Lebensbereiche und Menschen breiter Gesellschaftsschichten davon betroffen sind. Gerne wird etwa der Wechsel der Sprache oder der Religion als eine solche Grenze identifiziert. Aber beides vollzieht sich, wenn es nicht mit brachialer Gewalt durchgesetzt wird (wie die Christianisierung von al-Andalus und Mittelamerikas durch die Spanier), allmählich, oft über viele Jahrhunderte hinweg und häufig nicht endgültig. Die Arabisierung des Nahen Osten begann schon in vorislamischer Zeit, doch noch immer gibt es eine aramäischsprachige Minderheit. In Nordafrika ging die Arabisierung sehr langsam vor sich, und noch im-

mer sprechen fast 40 Millionen Menschen Berbersprachen. Seit der Mitte des sechsten Jahrhunderts wird Ägypten von Muslimen arabischer Zunge regiert, aber erst um das siebzehnte Jahrhundert herum wurde das Koptische als gesprochene Sprache aufgegeben. Es lebt als Kultsprache bei den koptischen Christen jedoch bis heute fort. Auch nach eineinhalb Jahrtausenden islamischer Herrschaft sind noch rund zehn Prozent der Bevölkerung koptische Christen.

Wenn also ein Sprach- und/oder Religionswechsel als Epochenkriterium herangezogen wird, hat man zumeist die *offizielle* Sprache beziehungsweise Religion im Blick. Dies offenbart ein weiteres Manko vieler herkömmlicher Epochenbegriffe, nämlich ihren selektiven Blick auf elitäre Gesellschaftsschichten. Deshalb werden in diesem Zusammenhang gerne Dynastiewechsel als Marken verwendet, obwohl hier zumeist nur das Leben der Anhänger der gestürzten und der siegreichen Dynastie von Grund auf umgekrempelt wurde. Allerdings scheint auch hier eine spezifisch europäische Wahrnehmung zu dominieren, denn stärker als in den meisten anderen Weltgegenden bestimmten neuzeitlich-europäische Herrscher über Religion und Lebensumstände ihrer Untertanen mit und griffen so bis in das Leben der Handwerker ein, während es für einen Kupferschmied in Schiras keinen großen Unterschied machte, ob er unter einem abbasidischen Kalifen, einem (schiitischen) buyidischen oder einem (sunnitischen) seldschukischen Sultan oder einem mongolischen Īlḫān lebte.

Von einer neuen Epoche sollte man mithin nur dann sprechen, wenn sich die Lebensverhältnisse nicht nur für eine schmale Elite geändert haben, sondern weite Bevölkerungskreise eine tiefgreifende Umgestaltung ihrer Lebensumstände erfahren haben. Dazu gehören vor allem auch die materielle Kultur, die Mentalitäten und die Weltbilder.

(4) Die Veränderungen, die eine neue Epoche konstituieren, müssen **endgültig** und **dauerhaft** sein. Viele Umbrüche vollziehen sich über einen langen Zeitraum, und manches Ende ist nicht so

endgültig, wie es zunächst scheint. So ist etwa 1258 weder die Stadt Bagdad noch die Dynastie der Abbasiden untergegangen. Bagdad existierte, wenn auch nur als Provinzstadt, so doch bald schon wieder als florierende Provinzstadt weiter. Ein Zweig der Abbasiden führte das Kalifat, wenngleich nun jeder weltlichen Macht entkleidet, in Kairo bis 1517 fort, und immerhin wurde die nun definitiv letzte rein abbasidische Münze im Jahr 815/1412, eineinhalb Jahrhunderte nach dem Fall Bagdads, von dem Kalifen al-Mustaʿīn II. geprägt, als sich bei ihm für sieben Monate die Ämter des Kalifen und des Sultans in einer Hand vereinigten. Auch Sprachwechsel gehen alles andere als rasch und endgültig vor sich. Die arabisch-islamische Eroberung führte nicht zum Aussterben des Mittelpersischen (Pahlavi), vielmehr entstand ein großer Teil der mittelpersischen Literatur erst danach. Nach dem scheinbar definitiven Triumph des Arabischen als Literatursprache setzte sich seit Anfang des elften Jahrhunderts Neupersisch bis weit nach Indien hinein in diesem Bereich durch. Das Arabische blieb aber als Wissenschaftssprache von Bedeutung.

Was für Dynastien und Sprachen gilt, gilt auch für Kriege, Revolutionen sowie geistige und religiöse Umbrüche. Vieles vollzieht sich zunächst in regionalem Rahmen und wirkt sich erst nach einiger Zeit, oft erst viel später, großräumig aus, vieles gar nie. Die Versuchung ist nun groß, eine neue Entdeckung, eine neue Idee, eine neue Religion, eine neue Philosophie, eine Revolution, einen weltbewegenden Feldzug und dergleichen mehr zum Beginn einer neuen Epoche zu erklären. Doch wird hier zumeist vom Resultat aus gedacht, für das man eine Ursache sucht, die man in solchen Geschehnissen zu finden glaubt. Allerdings gibt es eine große Anzahl von gleichartigen Vorgängen, die wenig oder gar keine weitreichenden Folgen gehabt haben. Die vielen technischen Gerätschaften, die Leonardo da Vinci gezeichnet hat, mussten im neunzehnten und zwanzigsten Jahrhundert alle nochmals erfunden werden. Wegen Leonardos interessanten, aber letztlich folgenlosen

Zeichnungen wird man den Beginn des technischen Zeitalters also kaum in das fünfzehnte Jahrhundert vorverlegen. Der Sklavenaufstand des Spartacus (73–71 v. Chr.) und die Revolte der als Sklavenarbeiter eingesetzten Zanǧ im südlichen Irak (255–270/869–883) wurden niedergeschlagen. Dies sind zwar wichtige historische Ereignisse, sie blieben jedoch großräumig und langfristig wirkungslos, was man von der Französischen Revolution wiederum nicht behaupten kann. Genauso hatte die Landung Leif Erikssons kurz nach 1000 in Amerika – außer für einige Wikingerfamilien – keinerlei Folgen. Die Reisen des Kolumbus hatten drastischere Konsequenzen, zunächst allerdings vor allem für die Einheimischen. Es verging einige Zeit, ehe die Auswirkungen in der Alten Welt spürbar wurden, dann aber nachhaltig und umso tiefgreifender.

Man sollte sich also davor hüten, bei der Konstituierung von Epochen nach den «großen Männern» und den großen Ideen zu suchen, die sich irgendwie als Mitursachen (und es sind immer nur *Mit*-Ursachen) eines Epochenwandels auffinden lassen. Denn zum einen haben sie auch ihrerseits wieder Ursachen und sind nicht aus dem Nichts entstanden (was eine schier endlose Rückprojektion ermöglicht), zum anderen ist zum Zeitpunkt des Gärens von Veränderungen die Veränderung ja noch nicht da. Es gilt also, nicht nach irgendwelchen allerersten Anfängen zu suchen, sondern nach dem Zeitpunkt, zu dem Veränderungen so allgemein und dauerhaft geworden sind, das Erleben der Menschen so anders geworden ist, dass man tatsächlich von einer neuen Epoche sprechen kann.

Das heißt nun nicht, dass man Schlachten, Revolutionen und «epochemachende» Bücher bei der Bestimmung von Epochengrenzen nicht berücksichtigen darf. Man sollte aber zunächst sicherstellen, dass etwa eine Schlacht nicht nur der Anfang einer zunächst vielleicht durchaus noch reversiblen Entwicklung ist, sondern ein Symptom für einen Wandel, der sich schon vollzogen hat oder gerade dabei ist, endgültig zu werden.

Merkmalsbündel

Bei der Suche nach Epochengrenzen ist es nützlich, einen Blick auf die Linguistik zu werfen. Sprachen bilden, genau wie die Geschichte, ein ungegliedertes Kontinuum. Sieht man von normierten Amtssprachen ab, kommt jede Sprache in der Fläche nur als Dialektkontinuum vor. Begibt man sich in einem Sprachgebiet von Ort zu Ort, wird man stets Unterschiede feststellen. Meist sind diese minimal, manchmal aber auch so groß, dass sie den Sprechern selbst bewusst sind und sie Leute aus dem Nachbarort daran erkennen können, etwa wenn man in einem Ort einen Knaben «Bub» nennt, im anderen «Bou». Zwischen den Orten, in denen man «Bub», und denen, in denen man «Bou» sagt, lässt sich eine Linie ziehen. Eine solche Übergangslinie sprachlicher Phänomene wird als *Isoglosse* bezeichnet.[6] Analog dazu könnte man den ebenso kontinuierlichen Verlauf der Geschichte durch Linien unterteilen, die den Übergang eines singulären Zustands in einen anderen bezeichnen; nennen wir sie *Isoschemen.* Solche Isoschemen wären etwa die Einführung des Papiers als Schreibmaterial, der Übergang von einer Verwaltungssprache in eine andere oder das Ende der Vorstellung, dass die Obrigkeit von Gott eingesetzt ist.

Will nun der Sprachwissenschaftler die Dialekte eines Sprachraums klassifizieren, wird er zunächst die Bedeutung der verschiedenen Isoglossen abwägen. Die Isoglosse *Bub/Bou* ist dabei erkennbar weniger wichtig als die Isoglosse zwischen den Varianten von *Bub* und den Varianten von *Junge.* Aber selbst wenn man eine solche wichtige Isoglosse gefunden hat, heißt das noch nicht unbedingt, dass man auf eine einschneidende Dialektgrenze gestoßen ist. Dazu sucht der Sprachwissenschaftler nach einem *Isoglossenbündel*, also nach Regionen, in denen auf engem Raum viele Isoglossen zusammenkommen, eventuell so viele, dass zwischen Menschen, die nur wenige Kilometer voneinander entfernt leben, Verständnisschwierigkeiten auftreten könnten, wenn sie sich ausschließlich ihres Heimatdialekts bedienten. Ebenso darf sich ein Historiker nicht auf ein zunächst anscheinend besonders wichtiges Merkmal beschränken, um Epochengrenzen festzumachen. Vielmehr muss er, wie man analog zu Isoglossenbündel sagen könnte, *Isoschemenbündel* suchen, die den Übergang zwischen Lebensverhältnissen in möglichst vielen Bereichen markieren.

Auch der Verlauf vieler Isoglossenbündel findet Parallelen in der Geschichte. Häufig etwa bilden Isoglossenbündel *Keile* entlang von Verkehrswegen, an denen Neuerungen auftreten. In der Geschichte sind es ebenfalls oft Verkehrswege, entlang deren sich Innovationen ausbreiten. Vielleicht noch interessanter ist der *Fächer*, der entsteht, wenn eine Reihe wichtiger Isoglossen, die anderswo relativ dicht beieinanderliegen, sich in einer Region auffächern. In der deutschen Dialektologie ist der *Rheinische Fächer* am bekanntesten, in dem die zweite deutsche Lautverschiebung nur teilweise erfolgte. Die niederdeutschen Formen *macken*, *Dorp* und *wat* wurden entlang des Rheins nicht überall vollständig zu den oberdeutschen Formen *machen*, *Dorf* und *was* verschoben, vielmehr fächern sich diese Linien auf. Es gibt größere Übergangsgebiete, in denen man schon *machen*, aber noch *Dorp* und *wat* sagt, während es südlich davon zwar *machen* und *Dorf*, aber immer noch *wat* heißt, ehe diese mitteldeutsche Übergangsregion endgültig ins Oberdeutsche übergeht. Solche Fächer-Phänomene finden in der Geschichte, in der kein Wandel ohne Übergangszeit stattfindet, Parallelen, etwa wenn man in Mitteleuropa zwar schon wieder steinerne Großbauten errichtet, aber immer noch auf Pergament schreibt.

Wie es scheint, hat die Sprachwissenschaft eine gründlichere Methodik als die Geschichtswissenschaft entwickelt, kontinuierliche Übergänge zu untergliedern. Epocheneinteilungen gründen noch immer allzu häufig auf wenig reflektierten Voranahmen, die dadurch eine Rechtfertigung finden, dass Merkmale, denen die Historiographie ohnehin besondere Aufmerksamkeit schenkt (vor allem Religion und Herrschaft), herausgegriffen werden, die nicht unbedingt Teil eines umfassenderen Merkmalsbündels von Übergangsphänomenen sind. Auch wenn Epochengliederungen (kaum anders als Dialektuntergliederungen) immer einen Rest an Willkür behalten werden, ließen sie sich doch auf eine methodisch besser reflektierte Stufe heben. An dieser Stelle kann eine solche theoretische Forderung nur angedeutet, nicht aber gründlich ausgeführt werden, doch seien immerhin diese Anregungen für weitere Überlegungen gegeben. Epochengliederungen sind eben nicht nur disputabel, sondern auch weltbildkonstituierend. Dabei können sie sich aber nicht nur als potentiell nützlich, sondern, wie wir im ersten Teil sahen, auch als äußerst destruktiv erweisen. Deshalb sollte man dieser vielfach spielerisch erscheinenden Tätigkeit eine theoretisch untermauerte Sorgfalt zuteilwerden lassen.

Die restringierte Antike

Es dürfte deutlich geworden sein, dass es nicht hilfreich ist, Periodisierungen aufgrund weniger, oft willkürlich ausgewählter Merkmale oder gar aufgrund eines einzigen Merkmals vorzunehmen, lässt sich auf diese Weise doch so gut wie jede Einteilung rechtfertigen. Überdies endet man, wenn man der Problematik wenig Aufmerksamkeit schenken will, meist bei der allerkonventionellsten Periodisierung und verstellt sich dadurch neue, vielleicht aufschlussreichere Perspektiven.

So ist etwa auch der Herausgeber des ersten Bandes der *Geschichte der Welt*, der renommierte Althistoriker Hans-Joachim Gehrke, in diese Falle getappt. Der – im Übrigen exzellente – Band trägt den Titel *Die Welt vor 600. Frühe Zivilisationen* und legt damit die Frage nahe, warum das Jahr 600 das Ende des in diesem Band behandelten Zeitraums bildet. War dieses Jahr tatsächlich ein derart gewichtiger Einschnitt in der Weltgeschichte zwischen der Altsteinzeit und der Gegenwart? Die Einleitung des Herausgebers bleibt hier sehr im Vagen. Immerhin wird zugegeben, dass 600 eine «konstruierte» Grenze ist, doch sei «sie insofern nicht ganz willkürlich gewählt, als sich jenseits der in diesem Buch vorzustellenden Zivilisationen das Heraufziehen einer neuen Epoche beschreiben lässt – denkt man beispielsweise an die Anfänge des Islam. Für den nahöstlich-europäischen Kulturkreis lässt sich in etwa um diese Zeit das Ende des Altertums ansetzen.»[7] Das letztere Argument ist tautologisch. Eine willkürliche Epochengrenze wird damit gerechtfertigt, dass es auch anderweitig eine willkürliche Epochengrenze gibt. Bleiben also nur die «Anfänge des Islam» als einziges explizit genanntes Kriterium.

Messen wir diese Aussage an den soeben aufgestellten Maßstäben, dann zeigt sich, dass die Anfänge des Islams um das Jahr 600 zunächst ein Ereignis von regionaler Bedeutung waren, von dem außerhalb Arabiens niemand wusste und dessen Folgen auch innerhalb noch niemand abschätzen konnte. Solche Anfänge sind für Epochenkonstruktionen, wie wir sahen, untauglich. Tatsächlich war der Islam erfolgreich, aber es dauerte noch Jahrhunderte, bis er zumindest in jenen Regionen, die man gerne als seine «Kernländer» bezeichnet, zur Mehrheitsreligion wurde. Auch dort aber blieben die alten Religionen kraftvoll bestehen, vom Zoroastrismus über diverse Christentümer, gnostische und sogar noch heidnische Religionen bis hin zu einem überaus vitalen Judentum. Warum das Aufkommen des Islams also eine Epochengrenze bildet und die Entstehung all der anderen Religionen nicht, scheint nicht leicht zu begründen. Immerhin stellt der Triumph des Christentums über die paganen Religionen, die dadurch vollends ausgelöscht wurden, einen religions- und auch mentalitätsgeschichtlich viel stärkeren Einschnitt dar als das Aufkommen des Islams, der sich schlicht neben zwei anderen, ihm in vielem sehr ähnlichen monotheistischen Religionen positionierte.

Auch in dem Kapitel über *Die Welt der klassischen Antike* bleibt der Autor sehr im Ungefähren. Wieder ist es der Islam, der der

Antike das Totenbett bereitet. Immerhin wird 476 als Epochenschwelle abgelehnt, «denn das Reich bleibt ja bestehen» – allerdings tat es das bis 1453 und nicht nur bis 600. Der Islam aber, «dieser religionsgeschichtlich so wirkungsmächtige Prozess bezeichnet ein klares Ende der Antike, so sehr das Neue auch noch in dem Alten verankert war». Parallelen tun sich auf zum Alexanderzug: «Auch die Wirkungen, kurz- wie langfristige, sind vergleichbar. Zunächst orientierten sich die Eroberer stark an den vorgefundenen Verhältnissen. Doch bald setzten deutliche kulturelle Wandlungsprozesse ein, die nicht von heute auf morgen, aber doch in überschaubaren Zeiträumen das Gesicht der Welt veränderten. Noch heute ist das erkennbar, auf elementaren Gebieten, in Sprache und Religion.»[8]

Mit der wiederholten Betonung der Wandlungsprozesse, die erst allmählich einsetzten, scheint der Autor seine Periodisierung selbst infrage zu stellen. Wie wir sahen, beginnt eine neue Epoche ja nicht mit der Saat, von der man nicht weiß, was aus ihr wird, sondern mit der Reife. Welches also waren die «deutlichen kulturellen Wandlungsprozesse», die eine neue Welt schufen? Sprache und Religion allein können es ja nicht gewesen sein. Würde man etwa jedes Mal, wenn die Leute im Zweistromland ihre Sprache wechselten – vom Sumerischen über das Akkadische, das sich über das Alt-, Mittel- und Neubabylonische beziehungsweise -assyrische weiterentwickelte, hin zum Aramäischen und Arabischen –, eine neue Großepoche ansetzen, bekäme man eine ziemlich unübersichtliche Epochengliederung. Und gab es im mittelmeerisch-nahöstlichen Raum überhaupt ein Jahrhundert, in dem nicht eine neue Religion oder Kultgemeinschaft entstanden wäre?

Nun kommt nach unseren obigen Punkten (3) und (4) aber noch Punkt (2) ins Spiel, die Geographie. Die Weltkarte veränderte sich: «Die Mittelmeerwelt mit ihrer zum Teil weitreichenden Umgebung – nämlich bis an den Atlantik und zur Nordsee –, mit einer zumindest bis nach Mesopotamien, aber in einem weiteren Sinne bis nach Zentralasien und Indien reichenden Optik, verliert ihren zentralen Charakter und zerbricht als Einheit.» Stattdessen finde man nun «nicht ein Weltreich, das um das Mittelmeer zentriert ist. Vielmehr sind wir mit drei Mächten konfrontiert, die sich ebenfalls als universal verstehen: dem römischen Kaiser, der jetzt in Konstantinopel [...] regiert, seinem westlichen Pendant bei den Franken [...] und dem Kalifen in Bagdad [...]. Damit aber spätestens sind wir in der Welt des Mittelalters angelangt.»[9] Damit hat der Autor nun exakt eines der stärksten Argumente für das Fortleben der Spätantike auch auf politischem Gebiet in sein Gegenteil verkehrt. Wie Almut Höfert in ihrem fundamentalen Werk *Kaisertum und Kalifat* gezeigt hat, ist es ja gerade die Idee des *imperialen Monotheismus*, der als wichtiges antikes Erbe die drei auf den ersten Blick so disparat erscheinenden Reiche als spätantike Herrschaftsgebilde ausweist – in, trotz aller kultureller und zivilisatorischer Verschiedenheit, erstaunlicher Parallelität der Vorstellungen von Herrschaft und Reich.

Doch wie konnte das übersehen werden? Die Lösung ist, wie so oft, in der Geographie zu finden. Zutreffend umreißt Gehrke ziemlich genau den Raum, der auch Gegenstand dieser Abhandlung ist: vom westlichen Ende des Mittelmeers bis nach Zentralasien und Indien. In diesem Raum habe es nun in der Antike *ein* Weltreich gegeben, das um das Mittelmeer zentriert gewesen sei. Das Ende dieser Situation markiere dann auch das Ende der Antike. Nun handelt es sich bei Zentralasien und Indien ja kaum um Randkulturen des Mittelmeerraums, irgendetwas muss doch noch dazwischen gelegen haben, das sich ebenfalls nicht recht als Randkultur des Römischen Reichs abtun lässt. Ein Hinweis findet sich, wenn Gehrke über die Diadochenreiche spricht, die sich im Gefolge der Eroberungen Alexanders herausbildeten. Das größte und vielleicht mächtigste war das der Seleukiden: «Im Vergleich zu den anderen Reichen war das der Seleukiden besonders bunt und vielgestaltig, schon wegen seiner schieren Größe.»[10] Die kulturelle Vielfalt der

Region, die schon vorher bestand und bis heute existiert, ist gut erkannt, und die Hellenisierung der Elite des Reichs, die sich noch in parthischer Zeit in griechischen Münzlegenden widerspiegelt, ist ebenfalls signifikant. Eine Randkultur der Mittelmeerwelt bildet es trotzdem nicht. Dieses Herrschaftsgebilde mit seiner «schieren Größe» ist nichts anderes als das Perserreich, das altpersische Reich der Achämeniden (558–330 v. Chr.), einer Dynastie, der nach dem Alexanderzug die Seleukiden (305–125 v. Chr.) folgten, welche wiederum von den Parthern, der Dynastie der Arsakiden, abgelöst wurden (ca. 247 v. Chr.–224 n. Chr.). Schließlich gelangten die wieder stärker auf iranische Kulturtraditionen setzenden Sassaniden an die Macht, die von 224 v. Chr. bis zur arabisch-islamischen Eroberung 651 n. Chr. das mächtigste Reich Westasiens regierten, dessen Erbe in die islamische Zeit intensiv hineinwirkte.

Wo aber findet das Perserreich in der von Hans-Joachim Gehrke herausgegebenen Geschichte der Welt vor 600 n. Chr. seinen Platz? Die Antwort ist: nirgendwo. Von gelegentlichen Erwähnungen als Handelspartner abgesehen, erscheinen die Perser lediglich im Kapitel über *Die Welt der klassischen Antike*, dort aber so gut wie ausschließlich als *Feinde und Gegner*, zunächst Griechenlands und später Roms. Eine eigene Geschichte haben sie nicht. Den Sassaniden, die in den über vierhundert Jahren ihrer Herrschaft auch noch andere Dinge taten als gegen die Römer zu kämpfen, wird eine einzige Seite eingeräumt (eingeführt werden sie als «Konkurrenten Roms») sowie eine in diesem Kontext eigentlich überflüssige Karte, weil die meisten auf ihr verzeichneten Orte im restlichen Band nicht mehr vorkommen.[11] Selbst in der eigenwilligen Einteilung der Alten Welt in «Kulturkreise» (ein problematischer Begriff), «verkürzt gesagt: Naher Osten, Mittelmeergebiet, China, Indien»,[12] klafft zwischen dem Nahen Osten und Indien eine merkwürdige Lücke. An anderer Stelle ist die Rede von einem «nahöstlich-europäischen Kulturkreis»,[13] was immerhin plausibler ist als die künstliche Trennung zwischen einem nahöstlichen und einem mittelmeerischen «Kulturkreis».

Überhaupt zeigt sich in diesem Kapitel eine eigenartige Iran-Vermeidungsstrategie. Zwar ist ein ganzes Kapitel mit «Perser und Griechen» überschrieben, aber es geht in ihm fast nur um die Griechen, die vom persischen Feind bedrängt werden. Vielleicht trägt es deshalb den Untertitel «Eine Spaltung der Welt», der suggeriert, die Perser trügen Schuld an der Spaltung der antiken Welt.[14] Erst mit Alexander dem Großen wird diese Spaltung überwunden, und es entsteht «die hellenistische Welt», ehe das letzte Kapitel der Antike aufgeschlagen wird: «Das römische Kaiserreich und die Einheit der Welt».[15] Die Perser sind jetzt nicht einmal mehr Spalter, sondern werden einfach weggelassen. Sie gelten nicht als Bestandteil der antiken Welt, die jetzt genau aus einem einzigen Reich, dem römischen Kaiserreich, besteht. Nun ist das Buch aber nicht etwa eine Geschichte der Griechen und Römer, sondern eine Weltgeschichte. Und da die letzten Großkapitel Süd- und Südostasien sowie China gewidmet sind, führt das griechisch-römische Antikenmonopol schlichtweg dazu, dass Persien aus der Weltgeschichte verschwindet.

Dieses Verschwindenlassen Persiens hat Tradition. In dem beliebtesten populären historischen Nachschlagewerk, dem allgemein bekannten *dtv-Atlas Weltgeschichte*, der nunmehr seit über fünfzig Jahren und mittlerweile in der 42. Auflage erscheint, stößt man auf ein ähnlich mysteriöses Verschwinden Persiens. Immerhin gibt es eine Karte zum Achämenidenreich. Die Seleukiden werden nur noch unter der Überschrift «Hellenismus/Diadochenreiche» erwähnt. In diesem Kapitel werden zwar auch den Parthern einige wenige Zeilen gewidmet, aber weder wird der Name ihrer Dynastie (Arsakiden) genannt noch tun die Parther viel anderes, als die Römer zu bekämpfen.[16] Noch schlechter ergeht es den Sassaniden, die unter der Überschrift «Antike-Rom/Soldatenkaiser, Dominat» als eines der «berittenen Randvölker» des

Imperiums eingeführt werden und eine halbe Spalte lang «dauernde Kämpfe» gegen die Römer führen. Erst im Abschnitt «Frühes Mittelalter» kommt unter «Islam I» Persien wieder vor.[17] Mit anderen Worten: 800 Jahre persischer Geschichte finden nicht statt!

Es ist merkwürdig: Das Achämenidenreich, hier und auch anderswo als *das* Perserreich bezeichnet, gerade so, als hätte es keine späteren gegeben, wird noch als Teil der alten Hochkulturen behandelt. Dann verschwindet Persien für viele Jahrhunderte aus der Weltgeschichte, ehe es im «Mittelalter» wieder auftaucht. Im «Alten Orient» und im «Mittelalter» darf es sein, dazwischen aber nicht, denn dazwischen ist die Antike. Östlich davon kommt Indien, wozu Persien auch nicht gehört, weil es in den allermeisten Lebensbereichen eben der griechisch-römischen Antike viel näher stand als Indien. Zur Antike darf es aber nicht gehören, weil man die Perser allenfalls als Gegenbild zum Griechentum sehen (etwa «Demokratie» versus «Orientalische Despotie»),[18] sie aber nicht zur Antike rechnen will. «Antike», das sind die Griechen und die Römer, und wir West- und Mitteleuropäer sind ihre einzigen legitimen Erben. Dass dieses Weltbild nicht nur dasjenige des späten achtzehnten und neunzehnten Jahrhunderts war, sondern bis in die unmittelbare Gegenwart fortlebt, zeigen die beiden kritisierten Bücher in aller Deutlichkeit.

Halten wir fest: Die Region zwischen dem Hindukusch und dem Atlantik wurde auch in der Antike nicht nur von *einem* Reich beherrscht, von den wenigen Jahren des Alexanderzugs abgesehen. Über zwölfhundert Jahre persischer Geschichte zwischen Kyros dem Großen (558–530 v. Chr.) und dem unglücklichen Yazdagird III. (633–651 n. Chr.) lassen sich schwerlich als Marginalie der Weltgeschichte abtun, und eine sinnvolle Periodisierung lässt sich nie und nimmer konstruieren, wenn man Persien aus der Weltgeschichte ausschließt. Beziehen wir es aber ein, löst sich Gehrkes Ende der Antike in nichts auf. Nicht ein einziges, um das Mittelmeer zentriertes Reich kontrollierte die Region, sondern zwei, das persische und das römische, und in Letzterem teilten sich seit 395 n. Chr. zwei Kaiser die Herrschaft. Im Jahre 800 war die Situation gar nicht so völlig anders: Wieder gab es zwei Kaiser und ein mächtiges Reich, das von Vorderasien aus regiert wurde. Zwar bildeten das West- und das Oströmische Reich, die von den beiden Kaisern regiert wurden, nun offiziell kein einziges, geschlossenes Reich mehr und hieß der Großkönig jetzt Kalif, aber die Kontinuitäten, allen voran der von Almut Höfert beschriebene imperiale Monotheismus, sind überraschend deutlich. Erst das Ende dieses imperialen Monotheismus (im Islam im 10.–11. Jahrhundert) liefert eine wichtige Linie im Merkmalsbündel, das das Ende der Antike markiert.

Wie sehr sich das Kalifat als direkte Fortsetzung sowohl des Oströmischen als auch des persischen Reichs sah, wird deutlich, wenn man einen Blick auf die Münzreform des Kalifen ʿAbdalmalik (reg. 65–86/685–705) wirft. Vielfach werden in diesem Zusammenhang vor allem religionspolitische Überlegungen angeführt. Aber wahrscheinlich spielten fiskalische und reichspolitische Erwägungen eine größere Rolle. Die Umayyaden waren nicht nur mit der Tatsache konfrontiert, dass sich oströmische und sassanidische Münzen in ihrem Design unterschieden – hie Kaiserbild, dort Großkönig und Feueraltar mit Wächterfiguren auf der Rückseite –, sondern auch damit, dass beide Reiche ein jeweils völlig unterschiedliches Währungssystem hatten. Dasjenige Ostroms basierte auf Gold und Kupfer, Silbermünzen gab es zu dieser Zeit dort nicht. Bei den Sassaniden dagegen war vor allem der Silberdirham im Umlauf. Im Anschluss an die arabisch-islamische Eroberung flossen immer mehr sassanidische Silbermünzen auch in die ehemaligen römischen Gebiete, weshalb eine Münzreform unausweichlich wurde.

Nach einer intensiven Experimentierphase, während der über die Gestaltung der nun das ganze Reich repräsentierenden Münzen beraten wurde, entschied man sich im Jahr 77/696 für ein bildloses Design. Statt Herrscherbild und religiöser Symbole sollten jetzt die Sure 112 und der Koranvers 9:33 für das Reich stehen. Was auf den ersten Blick wie ein starker Bruch mit der Tradition aussieht, demonstriert vielmehr Kontinuität. Nach der Übernahme des neuen Designs auch für Silbermünzen zwei Jahre später gab es nun wieder eine reichsweit geltende Währung, und auch die Kupfermünzen zogen allmählich nach, wie Tafel V illustriert. Die Reform vereinigte die Währungssysteme der ehemals römischen und sassanidischen Gebiete. Von den Sassaniden wurde die Datierung der Münzen übernommen, auf den Silbermünzen wurde zudem, ebenfalls in sassanidischer Tradition, der Prägeort genannt. Die sichtbarste Neuerung, der Verzicht auf ein Bild, ist nicht das Resultat einer vermeintlichen islamischen Bilderfeindlichkeit. Noch in der Experimentierphase wurde in diesem Zusammenhang Verschiedenes ausprobiert, und die Paläste und sogar Moscheen der Umayyadenzeit sind mit Bildern geschmückt. Welche Darstellung aber hätte sich finden lassen, die gleichermaßen die Tradition des Kaiserbilds und des persischen Großkönigs samt zoroastrischem Feueraltar hätte fortsetzen können? Tatsächlich ist der Verzicht auf Bilder die nächstliegende Lösung, um Gold- und Silbermünzen eine einheitliche Gestalt zu verleihen, ohne die numismatische Tradition eines Reichsteils dem anderen aufzuzwingen, was sicher mehr Widerstand hervorgerufen hätte.[19]

Auch das Ende des imperialen Monotheismus lässt sich anschaulich an Münzen zeigen. Münzkataloge und -sammlungen lassen das Kapitel «Abbasiden» in der Regel mit dem Kalifen al-Mustakfī (333–334/944–946) enden. Dieser konnte, so machtlos er ansonsten war, immerhin noch Münzen prägen lassen, die keine anderen Namen trugen als den seinigen – eventuell noch den des designierten Thronfolgers oder den des höchsten Beamten des Reichs. Unter seinen Nachfolgern ging die Münzhoheit fast völlig auf jene Dynastien über, die unter nomineller Beibehaltung der abbasidischen Oberhoheit selbständig regierten. Der Übergang verläuft in der Münzgestaltung nicht abrupt. So sehen die Münzen der Hamdaniden, Samaniden und Buyiden zunächst nicht viel anders aus als die genuin abbasidischen, allerdings werden neben dem Kalifen auch die jeweiligen Oberhäupter ihrer Dynastie genannt und darüber hinaus, oft sehr subtil, Gestaltungselemente verwendet, die letztlich doch auf den ersten Blick ihre Herkunft erkennen lassen. Auf diese Weise zeigen sie einerseits das Bekenntnis zur (längst fiktiven) Reichseinheit und proklamieren andererseits die Souveränität der jeweiligen Dynastie. Seit al-Muqtadī (467–487/1075–1094) gelang es den Abbasidenkalifen regelmäßig, Rivalitäten unter den Großseldschuken auszunutzen, um wieder eigene Münzen prägen zu lassen. Aber diese blieben (heute hochbezahlte) numismatische Kuriositäten, bis unter den letzten Bagdader Abbasiden wieder vermehrt rein abbasidische Dinare geprägt wurden, von an-Nāṣir (575–622/1180–1225) bis zu al-Mustaʿṣim (640–656/1242–1258) sogar in beachtlicher Zahl. Allerdings sind diese Münzen stärker durch seldschukische Ästhetik geprägt, und sie repräsentieren nur die Souveränität des Kalifen als Lokalherrscher über Bagdad und das Zweistromland. Von einem imperialen Monotheismus ist längst nichts mehr zu spüren, zumal in der Zwischenzeit auch das zweite Kalifat, das der Fatimiden, das lange in Konkurrenz zum abbasidischen stand, seinen Untergang gefunden hatte.

Die islamische Spätantike

Legt man strenge Maßstäbe an Epochengrenzen an, verlangt man vor allem, dass sich nicht nur einzelne Merkmale verändern, so spektakulär sie auch sein mögen, sondern dass ein Bündel von Merkmalen gefunden werden muss, um die Konstruktion einer neuen Epoche sinnvoll erscheinen zu lassen, dann ist die islamische Eroberung *keine* solche Grenze. Der Übergang hin zur Spätantike war sicherlich weit einschneidender. Gemeinhin lässt man die Spätantike mit dem Regierungsantritt des römischen Kaisers Diokletian 284 n. Chr. beginnen. Ein ebenso wichtiges Datum ist sechzig Jahre zuvor der Regierungsantritt Ardaschirs I. und damit der Beginn der Herrschaft der Sassaniden in Iran. Die Jahreszahlen 224 und 284 sind nicht beliebig herausgegriffene Daten von Herrscher- und Dynastiewechseln, sondern Symptome für sich grundlegend verändernde Lebensverhältnisse vom Atlantik bis zum Hindukusch.

Einen vergleichbaren Einschnitt bilden die Jahre um 635 keineswegs, weder in Europa noch in der Region zwischen Nil und Jaxartes. Zwar sind die unmittelbaren Auswirkungen der islamischen Eroberungen längst nicht für das ganze Gebiet auch nur einigermaßen gut erforscht. Für den syrisch-palästinischen Raum jedoch, der vergleichsweise gut archäologisch erkundet ist, zogen Archäologen das Fazit, dass sich die islamische Eroberung dort noch weniger bemerkbar macht als die sassanidische Besatzung 613–628. Historiker sprechen gar von einer «unsichtbaren Eroberung», einem «Invisible Conquest».[20] Das Bild von arabischen Barbarenhorden, die altes Kulturland überrennen, zerstören und vom Rest der Welt (damit ist Europa gemeint) abschneiden, ist vollständig widerlegt.[21] Henri Pirennes These, wonach die islamische Eroberung eine bis dahin bestehende wirtschaftliche Einheit des Mittelmeerraums zerstörte, ist längst entkräftet, wird aber noch immer herangezogen, um eine Epochengrenze um 600 zu begründen.[22] Im arabisch-islamischen Herrschaftsbereich zeigt sich vielmehr überall ein wirtschaftlicher Aufschwung, der sich etwa in der Ausdehnung der städtischen Quartiere, die dem Handwerk und dem Handel dienen, erkennen lässt. Walmsley spricht für Syrien von «expansive, almost explosive growth of industrial activity within towns and in their immediate hinterlands».[23] Sichtbar werden diese wirtschaftliche Konsolidierung und der darauf folgende Aufschwung nicht zuletzt am Geldwesen. Von al-Andalus bis nach

Zentralasien gibt es nun einen einheitlichen, zentral festgelegten Münzstandard in Gold und Silber. In vielen Regionen werden darüber hinaus auch Kupfermünzen auf regionaler Basis für den Kleinhandel geprägt. Diese Kontinuität des Geldwesens lässt sich ebensowenig zur Etablierung einer einschneidenden Epochengrenze heranziehen wie die wirtschaftliche Stabilität der Region.

Nicht einmal in Politik und Herrschaft hatte sich ein allzu drastischer Wandel vollzogen. Der spätantike Normalfall waren zwei römische Kaiser, der östliche in Konstantinopel und der westliche irgendwo zwischen Rom, Ravenna und Trier, sowie ein persischer Großkönig mit Hauptresidenz in Ktesiphon. Im Jahr 800 gab es noch immer einen oströmischen Kaiser in Konstantinopel und, nach einiger Unterbrechung, auch wieder einen im Westen, wieder mit wechselnden Residenzen. Beide waren zwar nicht mehr gemeinsame Herrscher eines einzigen Reichs, beriefen sich aber dennoch auf dieselbe Tradition. Wenige Kilometer von Ktesiphon entfernt residierte auf der anderen Seite des Tigris jetzt der abbasidische Kalif, der das Erbe des Sassanidenreichs und eines großen Teils des Oströmischen Reichs angetreten hatte. Wieder waren es drei Herrscher, und alle drei waren Vertreter eines imperialen Monotheismus, eine Gemeinsamkeit, die sich erst gegen Ende des 10. Jahrhunderts zunehmend auflöste, als sich die Kaisertümer und das Kalifat in sehr verschiedene Richtungen entwickelten.

Im «A–Z des Mittelalters» wurden weitere Lebensbereiche angesprochen. Eine neue Religion, der Islam, trat an die Seite der bestehenden. Neue Städte wurden gegründet, ältere florierten – bisweilen auf Kosten anderer –, aber lokale Fluktuationen sind der Normalfall und untauglich, um Epochengrenzen zu ziehen. Unter anderen Stichworten wurde Kontinuität in den Bereichen Handwerk, Alltagsleben, Mentalität, Kultur und Bildung aufgezeigt. In der Karte der Isoschemen ergeben sich nur dünne Linien, aber keine Merkmalsbündel, die den Beginn des Islams als neue Epoche erweisen würden. Aus archäologischer Sicht, so Alan Walmsley, zeichnet sich das siebte Jahrhundert durch große Kontinuität aus. Im achten Jahrhundert setzt ein spürbarer Wandel ein, doch erst vom Ende des achten und während des ganzen neunten Jahrhunderts finden, was die Materialien Keramik, Stein, Glas und Metall angeht, Entwicklungen statt, die mit bisherigen Traditionen deutlich brechen. Damit wäre im Falle der materiellen Kultur die «Morgenröte des Mittelalters» in Syrien-Palästina angebrochen.[24] In einer auch auf den Arbeiten Donald Whitcombs beruhenden Tabelle teilt Walmsley schließlich die gemeinhin als «Mittelalter» bezeichnete Zeit nach archäologischen Kriterien in vier Perioden ein: Early Islamic 1 (600–800), Early Islamic 2 (800–1000), Middle Islamic 1 (1000–1200), Middle Islamic 2 (1200–1400).[25] Mit der Feststellung, im Laufe des 9. Jahrhundert dämmere in Syrien das «islamische Mittelalter», wird aber klargestellt, dass die beiden frühislamischen Perioden noch nicht dazuzählen.

Dies wird noch deutlicher, wenn man wieder die Geographie ins Spiel bringt. Walmsleys Daten gelten für Syrien-Palästina. Doch auch dort lässt sich schon in der ausgehenden Umayyadenzeit eine stärkere Orientierung am Osten des Reichs erkennen, ein «shift to the East» mit einem deutlich erkennbaren persischen Einfluss in Kunst und Architektur.[26] Angesichts der Geographie ist eine solche Schwerpunktverlagerung in die östlichen Reichsteile nur allzu verständlich. Die Machtübernahme der Abbasiden und die Verlagerung der Hauptstadt von der römischen Metropole Damaskus nach Bagdad – einer Neugründung gegenüber der sassanidischen Hauptstadt Seleukia-Ktesiphon am anderen Tigrisufer – spiegelt die Tatsache wider, dass das islamische Reich Erbe sowohl der griechisch-römischen als auch der iranischen Antike war. Mit der Verlegung des Schwerpunkts in den persischen Teil ist deshalb die islamische Spätantike nicht vorbei, sondern nur in eine andere Phase eingetreten. Im syrischen Raum nimmt die Kontinuität der Antike zu dieser Zeit allmählich ab, zumal dort im zehnten Jahrhundert eine Krisenzeit anbricht, die erst durch die Renaissance der Städte zu Beginn des zwölften Jahrhunderts ein Ende finden sollte. Doch die Spätantike lebt im islamischen Raum insgesamt im zehnten Jahrhundert weiter fort. Gerade im Osten, dort also, wo das persische Erbe stärker sichtbar ist als das römische, wird das griechische Schrifttum systematisch ins Arabische übersetzt.

Fassen wir zusammen: So zahlreich und wichtig die Veränderungen auch waren, die sich von Nordafrika bis zum Hindukusch zwischen dem sechsten und dem Beginn des elften Jahrhunderts vollzogen, eine klare Epochenzäsur wie jene zwischen Antike und Spätantike lässt sich nicht erkennen, geschweige denn ein Übergang von einer weltgeschichtlichen Großepoche zu einer anderen. Was wir vor uns haben, ist offensichtlich nichts anderes als die *islamische Spätantike*, jener Zeitraum also, in dem die *romano-graeco-iranische Antike* in ihre Endphase eintritt. Wenn man will, kann man diese Epoche in eine frühe islamische Spätantike (etwa bis in das letzte Drittel des achten Jahrhunderts) und in eine darauffolgende ausgehende islamische Spätantike (bis in die Anfänge des elften Jahrhunderts hinein) unterteilen. Irgendetwas, was sich sinnvollerweise als «Mittelalter» bezeichnen ließe, ergibt sich aber nicht.

Zwei Regionen in zwei Epochen?

Die historische Entwicklung in dem Gebiet zwischen dem östlichen Mittelmeer und Zentralasien legt offensichtlich keine Epochengrenze um das Jahr 635 nahe. Vielmehr erscheinen hier zumindest die darauffolgenden drei Jahrhunderte als eine veränderungsreiche, aber dennoch nahtlose Fortsetzung der Spätantike. Ein Bruch mit der Antike lässt sich in den meisten Bereichen nicht erkennen, eher, nach einer Zeit weitgehend stabiler Lebensverhältnisse, eine dynamische Weiterentwicklung mit wirtschaftlichem Aufschwung und kultureller Blüte. Blickt man dagegen in den Westen, stellt man vielfach gerade die umgekehrte Entwicklung fest, wie es die Beispiele in Kapitel 2 veranschaulichen. Hieraus lässt sich, wie es scheint, nur der Schluss ziehen, dass sich Mittel- und Westeuropa einerseits und der Raum des östlichen Mittelmeers und Vorderasiens andererseits etwa zwischen dem sechsten und dem zehnten Jahrhundert nicht in derselben weltgeschichtlichen Epoche befanden. So zwingend dieser Schluss sein mag, so irritierend ist er. Irgendwo, so hat es den Anschein, liegt ein Fehler. Dabei wurde gerade der naheliegendste Irrtum vermieden, der darin bestünde, nur wenige besonders spektakuläre Merkmale herauszugreifen, anstatt nach Isoschemenbündeln zu suchen. Vielmehr scheint es umgekehrt so zu sein, dass sich dieser Befund umso mehr erhärtet, je mehr Merkmale man heranzieht. Und dennoch verbirgt sich ein Fehler in dieser Rechnung, und dieser Fehler liegt in der Geographie. Es ist derselbe, den jene machen, die den iranischen Raum zwar für den Alten Orient und das «Mittelalter» in ihre Geschichtsbetrachtungen einbeziehen, ihn aber während der Antike stillschweigend verschwinden lassen, um eine rein griechisch-römische Antike zu retten, deren einzig legitimer Erbe das West- und Mitteleuropa der Neuzeit ist.

In historischer Zeit sind die geographischen Gegebenheiten auf dieser Erde weitgehend unveränderlich vorgegeben, und historische Entwicklungen vollziehen sich bis in das Zeitalter der Globalisierung hinein in Gebieten, die auf die eine oder andere Weise zu Großräumen verbunden sind. Abgelegene Gebirgsgegenden und Inseln mögen sich jeder geschichtlichen Entwicklung verweigern, aber größere Regionen können bei dem Versuch, Weltgeschichte zu periodisieren, nicht einfach nach Belieben an- und aus- und wieder angeknipst werden, wie das für den iranischen Raum getan wurde. Nun besteht für Europa – anders als für Persien – die Gefahr eines solchen Ausgeknipstwerdens ja eher nicht, da der Großteil der Geschichtsschreibung ohnehin europazentriert ist. Aber man kann nicht leugnen, dass man es sich für die Historiographie der östlicheren Regionen einfacher machen würde, wenn man genau dies täte. Würde man nämlich West- und Mitteleuropa vom sechsten bis zum elften Jahrhundert aus der Geschichte der Region zwischen Atlantik und Jaxartes schlichtweg ausklammern, könnte man ein ebenso reines und ungetrübtes Bild einer wunderbaren Zeit des Aufbruchs bekommen, eine Art «orientalischer Renaissance». Ein solches Bild hätte genauso geschichtsbildend werden können wie das der «restringierten Antike», die sich auch nur durch Ausblendung des Gesamtbildes als Erblasserin für einen begrenzten Teil der Menschheit erweisen kann.

Hier sei ein anderer Weg beschritten. Es sei postuliert, dass die Menschen in dem Großraum zwischen Atlantik und Hindukusch in historischer Zeit zwar unterschiedliche Lebensverhältnisse hatten, sich aber nicht in weltgeschichtlich unterschiedlichen Epochen befanden. Diese Hypothese ist nicht sehr gewagt, denn all jene, die das Wort «Mittelalter» für die verschiedensten Weltgegenden missbrauchen, gehen davon aus, dass es ein großräumiges, wenn nicht weltumspannendes «Mittelalter» gegeben hat. Nun wird der Beginn dieses Mittelalters durch die Verhältnisse in Mittel- und Westeuropa definiert, also gerade durch die Geschichte jener Gegenden, die sich in der Geschichte der Gesamtregion als Störenfriede erweisen. Die Aufgabe besteht mithin nicht darin, der gesamten Weltgeschichte ein «Mittelalter»-Korsett europäischer Machart anzulegen. Ganz im Gegenteil können West- und Mitteleuropa in dieser Zeit nur dann in einen größeren historischen Zusammenhang eingebettet werden, wenn sie die Definitionsmacht über Periodisierungen an andere Regionen abtreten. Anders gesagt: Vom sechsten bis zum elften Jahrhundert schreiben West- und Mitteleuropa nicht Weltgeschichte. Deshalb kann es nur historisch verzerren, wenn man ausgerechnet die Verhältnisse dieser damals peripheren Region für die gesamte Welt als normgebend hinstellt. Die Frage sollte vielmehr umgekehrt lauten, wie denn West- und Mitteleuropa in die Geschichte einer sich vom östlichen Mittelmeerraum ostwärts dynamisch entwickelnden Spätantike integriert werden können.

Um die Antwort zu finden, muss das Augenmerk zunächst auf jene Kulturen gerichtet werden, die am ehesten als epochemachend gelten können, und diese waren – von al-Andalus bis zum Hindukusch und darüber hinaus – nun einmal islamisch geprägte Kulturen. Wie fügt sich nun in diese Periodisierung Europa ein, und welche Dynamik vollzieht sich wiederum in ihr?

Die Zeit zwischen dem achten und dem elften Jahrhundert, die in Europa als zweite Hälfte des Frühmittelalters gilt, wird gemeinhin als «Blütezeit» oder «Goldenes Zeitalter» des Islams apostrophiert. Eine solche Bezeichnung klingt zunächst sehr wohlwollend, aber sie ist weder wertfrei noch weist sie über eine europazentrierte Perspektive hinaus. Das «Goldene Zeitalter» erscheint nicht zuletzt deshalb so golden, weil es die Zeit war, in der Europa den islamischen Ländern gegenüber deutlich unterlegen war, in denen das antike Wissen «bewahrt» wurde, das später den Wiederaufstieg Europas ermöglichen sollte. Wo aber viel Licht ist, ist auch viel Schatten. In diesem Falle verdüstert der Schatten des «Goldenen Zeitalters» alle nachfolgenden Perioden der islamisch geprägten Länder, die häufig als Zeiten der Stagnation und des Niedergangs abgetan werden, auch wenn es gar nicht so einfach ist, die Zeit der Moguln in Indien, der Īlḫāne in Iran oder der Ayyubiden und Mamluken in Syrien und Ägypten als besonders finster erscheinen zu lassen. Ein solches Modell hat aber den Vorteil, dass es verhindert, die Geschichte der islamisch geprägten Länder als eigenständige und organische Fortentwicklung der Antike wahrzunehmen. Die «Blüte» des Islams ist die schmale Brücke, über die die Antike von Asien nach Europa gewandert ist. Das heißt aber auch, dass sie jetzt aus Asien verschwunden ist, und damit werden wieder die exklusiven Erbansprüche Europas auf die Antike gesichert. Die Rede vom «Goldenen Zeitalter» des Islams berücksichtigt die islamische Geschichte gerade nicht in ihrer Eigengesetzlichkeit. Bezeichnenderweise wird die Geschichte Chinas in aller Regel nicht in ein solches «Wasserstrahlmodell» eines einzigen Aufstiegs und Niedergangs, eines Aufblühens und eines langen Welkens gezwängt, wie es der islamischen Geschichte so oft widerfährt. Eine sozusagen «normale» Geschichte mit ihrem Auf und Ab, unterschiedlich von Region zu Region, scheint man der islamischen Welt nicht zu gönnen. Eine Folge davon ist, dass die frühislamische Geschichte, wenn man sie als Aufblühen eines «Goldenen Zeitalters» (man verzeihe den Metaphernmix) versteht, nicht mehr als organische Weiterentwicklung der Antike gesehen wird, obwohl sie doch nichts anderes war.

Damit ist ein gemeinsamer Ausgangspunkt für eine Geschichtsbetrachtung gegeben, die Europa und Westasien zusammen in den Blick nehmen kann: Sowohl hier wie dort findet eine *Transformation der romano-graeco-iranischen Antike* statt. Um diesen Transformationsprozess verstehen zu können, ist es als nächstes notwendig, den Blick auf das vermutliche Ende der Periode zu richten, das für beide Regionen ziemlich einhellig im elften Jahrhundert gesehen wird.

Die ausgehende Spätantike als formative Periode

Darüber, dass im fünften Jahrhundert der Hiğra, also im elften Jahrhundert christlicher Zeitrechnung, ein neues Kapitel in der Geschichte der Kultur- und Geistesgeschichte der islamischen Welt aufgeschlagen wird, ist sich die Forschung wohl einig – allerdings zumeist unter einem negativen Vorzeichen. Im ersten umfassenden Überblick über das arabisch-islamische Schrifttum, Carl Brockelmanns *Geschichte der arabischen Litteratur* (GAL; 2. Auflage 1937–1949), wird die «islāmische Literatur in arabischer Sprache» in die beiden Abschnitte «Die klassische Periode von ca 750 bis ca 1000» und «Die nachklassische Periode der islāmischen Literatur von ca 400/1010 bis ca 656/1258» unterteilt. Im Jahre 1258 nahmen die Mongolen Bagdad ein und ermordeten den letzten Bagdader Abbasidenkalifen. Das Datum ist für die politische

Geschichte wichtig, für die Geschichte der Kultur islamischer Gesellschaften wird es weit überschätzt und für die Literaturgeschichte ist es bedeutungslos.

Auf die «nachklassische Periode» folgt bei Brockelmann der Abschnitt «Der Niedergang der islamischen Literatur», der immerhin mehr als dreimal so umfangreich ist wie die «klassische Periode». Aber auch schon zur «nachklassischen Periode» hat Brockelmann wenig Schmeichelhaftes zu sagen: «Der kühne, immer weitere Gebiete des Wissens erschliessende Gedankenflug der Gelehrten erlahmte unter dem Zwang einer von machtpolitischen Tendenzen beherrschten Kulturlenkung. Aber diese Zeiten des allgemeinen Niedergangs […] haben doch noch eine, wenn auch nicht immer erfreuliche, fruchtbare Nachblüte erlebt.»[27] Das zwischen 1967 und 2015 entstandene Nachfolgewerk der GAL, die *Geschichte des arabischen Schrifttums* (GAS) von Fuat Sezgin, berücksichtigt überhaupt nur Werke und Autoren bis ca. 430 H., also bis ca. 1038–1039 A. D., ohne für dieses Datum eine Begründung zu geben.

Brockelmann folgt in seiner Gliederung der für seine Zeit typischen, ja geradezu unvermeidbaren Verfallsthese, wonach auf die Blüte der islamischen Welt (zumeist angesetzt vom 8. bis zum 11. Jahrhundert) eine endlos lange Periode der Stagnation und des Niedergangs folgte. Dieses Konzept, unübersehbar vom Hegelschen Geschichtsdenken unterfüttert, war in mehrfacher Hinsicht nützlich und hat sich wohl deshalb so lange gehalten. Zum einen ließ sich damit ausblenden, dass auch die islamische Welt Erbe der Antike ist. Sie hatte dieses Erbe ja nach ihrer «Vermittlungstätigkeit» im «Goldenen Zeitalter» wieder selbst verspielt. Zum anderen ist die Verfallsthese ein nützliches kolonialistisches Konstrukt, das es erlaubte, die Idee einer *mission civilisatrice* auch auf Völker anzuwenden, die eigentlich schon ziemlich zivilisiert waren. Schon Napoleon rechtfertigte seinen Überfall auf Ägypten damit, dem Land aus seiner langen Degenerationsperiode heraushelfen zu wollen, damit es die alte Größe wiedererlange.[28] Arabische Autoren übernahmen das Konzept dankbar zur Begründung einer nationalistischen, später auch islamistischen Agenda. Das Heil wurde nun in einem Zurück zu einem «Goldenen Zeitalter» gesehen, das die Säkularisten im neunten Jahrhundert, die Islamisten in der Frühzeit des Islams zu finden glaubten.

Für die Wissenschaft erwies sich dieses Geschichtsbild als desaströs. Weder in arabischen Ländern noch im Westen hielt man die Erforschung des arabischen Schrifttums aus der Zeit zwischen 1100 und 1850 für besonders lohnenswert, und Karriere konnte man damit weder hier noch dort machen. Allmählich wendet sich das Blatt, und die Frühzeitversessenheit der Wissenschaft ist deutlich im Rückgang begriffen. Dennoch klaffen in unserer Kenntnis der vermeintlichen Niedergangszeit noch riesige Lücken, die erst allmählich geschlossen werden können. Von einer Niedergangszeit seit dem elften Jahrhundert spricht heute kaum noch jemand. Der Begriff «nachklassisch» ist allerdings noch immer gängig, auch wenn er ganz im Vagen verbleibt.[29] Naheliegend wäre die Annahme, alles, was nicht mehr in der «Geschichte des Arabischen Schrifttums» verzeichnet ist, weil es nach der Mitte des elften Jahrhunderts entstanden ist, als nachklassisch zu bezeichnen. Absurderweise findet man in der GAS aber gerade all jene maßgeblichen Lexika, Rechtshandbücher, Korankommentare sowie theologischen und philosophischen Kompendien, die man gewöhnlich als Erstes und am häufigsten konsultiert und die auch für die GAS die wichtigsten Quellen darstellen, nicht mehr verzeichnet. Die Begriffsdichotomie *klassisch* versus *nachklassisch* hat die paradoxe Konsequenz, dass all jene Standardwerke, die in ihrer Disziplin die klassischen Werke *par excellence* sind, als nachklassisch gelten. Wenn man sich schon auf einen Begriff wie «klassisch» einlässt, wäre es weit sinnvoller, erst nach einer formativen Periode (7.–11. Jahrhundert) eine klassische Periode anzusetzen, nämlich jenen Zeitraum, in dem die weitaus meisten Werke entstanden, die allen späteren Autoren als «klassischer» Ausgangspunkt für ihre Arbeiten dienten. Dies wäre dann die Zeit vom elften bis zum Ende des fünfzehnten Jahrhunderts. Wenn es so etwas wie eine nachklassische Periode gegeben hat, ist sie folglich vom sechzehnten bis zum neunzehnten Jahrhundert anzusetzen. Und selbst diese immerhin sinnvollere Periodisierung lässt sich nur für das arabische Schrifttum mit guten Argumenten vertreten. Schon für die persische Literatur müsste sie stark modifiziert werden.

Mehrere Faktoren wirkten beim Zustandekommen eines absurden Geschichtsbilds zusammen, das die islamische Kultur mit einer *klassischen* Periode beginnen lässt, der keine archaische oder vorklassische Periode von signifikanter Länge vorausgeht. Da ist zunächst die ganz unschuldige Frühzeitbegeisterung, wie wir sie in allen Wissenschaften finden, denn «jedem Anfang wohnt ein Zauber inne» (Hesse). Hinzu kommt das schon weit weniger unschuldige *rise and decline*-Paradigma, das nicht nur kolonialistischen Interessen nutzte, sondern eine unheilige Allianz mit einem teleologischen Weltbild einging. Demnach sind Kulturen danach zu befragen (und zu bewerten), welchen Beitrag sie zum allgemeinen Fortschritt geleistet haben, der im modernen Europa und seinen Satelliten Gestalt angenommen hat. Islamische Kultur ist aus dieser Perspektive nur so lange interessant, wie Europa von ihrem Wissen profitieren konnte. Eine *eigenständige* islamische Kultur ist für die europäische Geschichte nicht mehr von Belang, und was an ihr anders ist, kann nur als defizitär wahrgenommen werden.

All diese Aporien lösen sich jedoch schnell auf, wenn man zum einen aufhört, Epochen beurteilen zu wollen (als Zeiten der Blüte, des Niedergangs etc.), ehe man sie erforscht, und zum anderen, Europa als allgemeingültigen Maßstab anzulegen. Tut man dies, lassen sich die frühen Jahrhunderte des Islams als *formative Periode* fassen, ehe eine konsolidierte islamische Kultur entsteht, die mit einer weit geringeren Geschwindigkeit an Innovationen die folgenden Jahrhunderte überdauert. Ob auf diese lange Zeit irgendwann dann doch eine Zeit des Niedergangs folgte, muss hier nicht erörtert werden.

Mit einer solchen, wie ich meine realitätskonformeren, Betrachtungsweise der islamischen Geschichte erspart man sich auch eine Antwort auf die Frage, wie es denn möglich sein kann, dass eine Kultur ausgerechnet mit einer Blütezeit anfängt, ohne dass dieser eine Periode der Saat und des Wachstums vorangegangen wäre (um in der botanischen Metaphorik zu bleiben). Es erklärt sich auch, warum man sich mit einem systematisch geordneten und auf der Arbeit von Generationen aufbauenden Kompendium des dreizehnten Jahrhunderts besser in ein Fachgebiet der islamischen Wissenschaften einarbeiten kann als mit den zweifellos genialen, aber oft unausgereiften und ungeordneten Gedanken eines Pioniers des Faches aus der frühen Abbasidenzeit. Der Verdacht drängt sich auf, dass die GAS gar keine *Geschichte des arabischen Schrifttums* ist, sondern eine ausgezeichnete und umfassende Übersicht über die *formative Periode* des arabischen Schrifttums, was auch erklärt, warum sie häufig (etwa im Abschnitt über die Rhetorik in Bd. XVI) gerade dort abbricht, wo eine Forschungsrichtung beginnt, sich zur ordentlichen akademischen Disziplin zu mausern. Hinfällig wird auch die Frage, warum uns die Gelehrten, deren Standardwerke wir alle ständig benutzen – benutzen müssen –, weniger innovativ erscheinen als ihre frühen Vorgänger. Anstatt, wie Brockelmann dies tut, auf einen vermeintlichen «Zwang einer von machtpolitischen Tendenzen beherrschten Kulturlenkung», den es tatsächlich nie gegeben hat, zurückgreifen zu müssen, erklärt es sich vielmehr von selbst, warum «der kühne, immer weitere Gebiete des Wissens erschliessende Gedankenflug der Gelehrten erlahmte»: Formative Perioden zeichnen sich nun einmal durch eine äußerst rasche Wissensdynamik aus. Ist ein gewisses Niveau einmal erreicht, lassen sich nur noch langsam und allmählich Fortschritte erzielen, die im Einzelnen auch nicht mehr so spektakulär sind. Dieser Zustand hält so lange an, bis es zu einem Paradigmenwechsel kommt, wie er sich im Großteil der islamischen Kulturen spätestens im neunzehnten und zwanzigsten Jahrhundert vollzogen hat.

Für den Kulturvergleich ist die Fokussierung auf den formativen Charakter der Periode geradezu unabdingbar. Oben in Kapitel 2 wurde gezeigt, dass sich Trier und Damaskus in der als Frühmittelalter apostrophierten Zeit definitiv nicht in derselben Epoche befanden, wenn man ein Mindestmaß an Gemeinsamkeiten für die Konstituierung eines Zeitraums voraussetzt. Frühmittelalter ist ein Begriff, der genau dies verlangt: Er bezeichnet eine bestimmte Zeit, in der ein bestimmtes Sein war. Waren anderswo zur selben Zeit die Umstände deutlich anders, kann dort nicht dieselbe Epoche gewesen sein, zumal dann nicht, wenn der gegenseitige Kontakt eher beschränkt war (woran auch der weiße Elefant, den Hārūn an Karl den Großen sandte, nichts ändert). Anders aber als im Neolithikum oder in der Bronzezeit ist es schwer vorstellbar, dass sich ein nicht unbeträchtlicher Teil des spät- und nachantiken Raums über Jahrhunderte in einer anderen Epoche befindet als der Rest des Gebiets, war doch die Region vom Mittelmeer bis Zentralasien durch die Antike schon zu sehr zusammengewachsen, als dass sie sich auf einmal, trotz gegensätzlicher Entwicklungen, in unterschiedlichen Epochen hätte wiederfinden können.

Die Lösung des Problems besteht darin, einen *wesenhaften* Begriff wie *Frühmittelalter* durch einen *prozesshaften* zu ersetzen. Dann gelten diese Einschränkungen nicht mehr, solange sich nur genügend gemeinsame Verbindungen zu den jeweiligen Anfängen und Endpunkten des Prozesses finden lassen. Die Geschichte Europas nach dem Ende des Weströmischen Reiches wurde lange Zeit und wird auch heute noch oft als Verfallszeit betrachtet. Nach dem herkömmlichen Geschichtsbild entspräche der Zeit des Niedergangs in Europa die Blütezeit des Islams. Darauf folgte in Europa eine Zeit des permanenten Aufstiegs und Triumphs, die bis in die Gegenwart anhält, während im Islam sich wiederum an die

Blütezeit eine ebenso endlose Zeit der Stagnation und des Verfalls anschloss. Gegen dieses Geschichtsbild haben nicht nur Islamhistoriker, sondern auch Frühmittelalterhistoriker Einspruch erhoben, die ihren Forschungsgegenstand nicht zum bloßen Verfallssyndrom degradiert sehen wollten. Um der Epoche einen Eigenwert zuzugestehen, sprechen sie lieber von der *Transformation* der Spätantike. Andere warfen ihnen vor, den doch in vielen Lebensbereichen unübersehbaren Niedergang beschönigen zu wollen. Aber der Begriff Transformation ist zunächst prozesshaft und wertfrei. Ein Verfall ist genauso eine Transformation wie ein Aufblühen.

Hier, und nur hier, kann eine Geschichtswissenschaft ansetzen, die den Raum von Westeuropa bis Mittelasien insgesamt in den Blick nehmen will: Die lange Zeit einer romano-graeco-iranischen Antike ging vom fünften bis zum siebten Jahrhundert allmählich in eine Periode der Transformation der Spätantike über, an deren Ende jeweils etwas Neues stand. Dieses Neue war auf der einen Seite das, was man in Europa gewohnt ist, Hochmittelalter zu nennen, auf der anderen eine konsolidierte islamische Kultur, die noch lange keinerlei Zeichen von Stagnation oder gar Niedergang zeigte, auch wenn sie sich – wie alle anderen Weltkulturen – weniger stürmisch und katastrophal fortentwickelte als West- und Mitteleuropa. Die Transformationsphase war mithin in Ost und West eine formative Periode, eine in der Gesamtschau eigentlich unübersehbare Tatsache, die nur durch das teleologisch induzierte Gerede von Niedergang und Blüte gründlich verdeckt worden ist.

Die formative Periode hatte in West und Ost unterschiedliche Voraussetzungen und nahm einen dementsprechend konträren Verlauf. Wahrscheinlich waren die Unterschiede hinsichtlich der Lebensumstände zwischen dem östlichen und dem westlichen Ende des Mittelmeeres selten so groß wie während dieser Zeit. Spielt man das «A–Z des Mittelalters» dagegen für das dreizehnte oder vierzehnte Jahrhundert durch, bleiben viele Abweichungen bestehen, doch verringert sich die Kluft merklich. Offensichtlich findet wieder eine allmähliche Annäherung der Lebensumstände in den verschiedenen Regionen der ehemaligen romano-graeco-iranischen Antike statt. Gleichzeitig werden gegenseitige Kontakte häufiger und enger, sei es auf intellektuellem Gebiet, in Wirtschaft und Handel oder in kriegerischen Zusammenstößen. Während in den formativen Perioden des Ostens und des Westens vor allem das prozessuale Moment der Transformation zum Ausgangspunkt von Vergleichen werden kann, sind es in der Zeit danach wieder analoge Objekte und Strukturen, die sinnvoll eins-zu-eins verglichen werden können.

Um zusammenzufassen: Sucht man nach einer Perspektive, die die gesamte Geschichte der romano-graeco-iranischen Antike und ihrer Nachfolger in den Blick nehmen kann, scheint es ebenso naheliegend wie unverzichtbar, Jahreszahlen wie 476 oder 635 nicht als Indikatoren für eine Epochengrenze anzusehen, an der ein sogenanntes Mittelalter beginnt. Die Ereignisse dieser Jahre sind vielmehr Symptome für einen beschleunigten Transformationsprozess *innerhalb* der Spätantike, der die westlichen und östlichen Regionen zunächst sehr weit auseinanderführt, ehe sie sich lebensweltlich allmählich wieder einander annähern. Diese transformative und letzte Periode der Spätantike stellt sich aus der Rückschau als *formative Periode* dar, an deren Ende ausdifferenzierte, hochkomplexe Kulturen stehen, die sich deutlich über ihr spätantikes Erbe hinausentwickelt haben. Während der formativen Epoche weisen Ost und West wenig Gemeinsamkeiten auf, die zu vergleichender Kulturbetrachtung einladen. Interessant ist hier vor allem das prozessuale Moment der Transformation selbst. Nach der Konsolidierung der nunmehr eindeutig nicht mehr antiken Kulturen gewinnt ein direkter Vergleich distinkter Phänomene wieder an Interesse.

Das erste Jahrtausend als Epoche

Seit Längerem haben Historiker verschiedene Konzepte vorgestellt, die die Spätantike nicht mit dem Untergang des Weströmischen Reiches enden lassen, sondern erst einige Zeit später. Garth Fowden hat nun ein Modell entwickelt, das die Aporien älterer Ansätze überwindet und sowohl eine eurozentrische als auch eine islamozentrische Verengung der Perspektive vermeidet. Zunächst nimmt Fowden den relativ großen Raum westlich des Hindukusch in den Fokus. Nur so ist es möglich, den Islam einzubeziehen, vielfach miteinander verzahnte Prozesse zu beleuchten und die Entwicklung der gesamten romano-graeco-iranischen Antike *in toto* nachzuzeichnen. Und nur, wenn man die iranische und auch die arabische Antike in die Überlegung einbezieht, ist eine Geschichtsbetrachtung möglich, in der der Islam nicht quasi als Fremdkörper vom Himmel fällt und im siebten Jahrhundert scheinbar ohne Vorgeschichte auftaucht.

Wenn man regionalgeschichtliche Grenzen überschreitet und größere Zusammenhänge sichtbar werden lassen will (und nur so ist die Etablierung von Großepochen sinnvoll), verlieren einzelne Schlachten oder Dynastiewechsel, und seien sie für begrenzte Räume noch so einschneidend, ihre epochenkonstituierende Bedeutung. Stattdessen muss das Augenmerk längerfristigen Prozessen gelten, Prozessen der Transformation und Reife, die irgendwann zu etwas Neuem führen, das als Ausgangspunkt einer neuen Epoche gelten kann.

Dies gelingt Fowden, indem er nicht nur Christentum, Judentum und Islam in den Blick nimmt. «Besides the three monotheisms, the First Millennium also sees Greek philosophy, Roman law, Mazdaism, and Manicheism attaining intellectual and institutional maturation.»[30] Zudem müssen auch Traditionen in den Blick genommen werden, die sonst eher unbeachtet bleiben, vor allem die armenische, syrische und mittelpersische. Fowden untersucht das Werden dieser Traditionen und fragt nach dem Zeitpunkt, von dem an sich von einer «Reife» sprechen lässt. «For the historian's viewpoint ... a tradition may reasonably be called mature if it has – first and most fundamentally – acquired a clear sense (or senses) of what it is *and what it is not.*»[31] Der Reife geht eine formative Periode voraus, die sich oft in drei Schritten vollzieht: Im Falle von Religionen unterscheidet Fowden die *prophetische* Phase, mit oder nach der die *skripturale Phase* folgt, in der die Offenbarungen und Ereignisse der prophetischen Phase Textgestalt annehmen. An diese schließt sich wiederum die *exegetische Phase* an, in der die Texte systematisiert und interpretiert werden, ehe die Religionen in ihre Reife eintreten.[32] Was Fowden für Religionen, aber gleichermaßen für die aristotelische Philosophie und das römische Recht demonstriert, gilt in abgewandelter Form auch für wissenschaftliche Diskurse, wie im nächsten Abschnitt am Beispiel der arabischen Grammatiktheorie gezeigt werden soll.

Die Befunde und Argumente Fowdens, die ich für einleuchtend und überzeugend halte, müssen hier nicht ausführlicher dargestellt werden. Es genüge festzustellen, dass seine Überlegung, eine Epoche des *Ersten Jahrtausends*, von Augustus bis al-Bīrūnī, anzusetzen, wesentlich angemessener erscheint als alle früheren Versuche der Einteilung von Zeiträumen. Sie ist auch die einzige, die allen Regionen von Westeuropa bis zum Hindukusch, mögen sie noch so unterschiedlich sein, gleichermaßen gerecht wird und es ermöglicht, diesen geographischen Raum als Ganzes in den Blick zu nehmen. Allenfalls ließe sich über den Anfangszeitpunkt diskutieren. Vielleicht bietet sich doch das dritte Jahrhundert, in dem man gemeinhin den Beginn der Spätantike verortet und in dem auch die persische Geschichte durch den Machtantritt der Sassaniden eine neue Richtung nimmt, eher an als die Zeit des Kaisers Augustus. Aber diese Frage ist nicht Gegenstand des vorliegenden Buches.

Für die europäische Geschichte ist eine Epochenzäsur um 1000 ohnehin etabliert, «and it is widely agreed that if one is to identify what it means to be ‹medieval›, it is to the period just after 1000 CE that one had best look, with the expansion of Christianity and the establishment of new polities in northern and eastern Europe, the extension and reform of ecclesiastical structures and religious orders, the formation of dynastic cults and the development of social categories, for example through the growth of bureaucracies, or the rise of a self-conscious aristocracy in the East Roman Empire».[33] Es ließe sich darüber hinaus noch die Romanik anführen, der erste eigenständige nachantike Baustil Europas. Mir scheint, dass sich auch Europahistoriker einen Gefallen täten, wenn sie auf den Begriff des Mittelalters verzichten würden, der solche Zusammenhänge verdunkelt. Sie ziehen zwar ebenfalls sinnvollerweise eine Epochengrenze um das Jahr 1050. Wenn man die Epochen, die diese Grenze scheidet, Früh- und Hochmittelalter nennt, wird aber suggeriert, dass es sich bei ihnen um kleinere Einheiten einer größeren Epoche Mittelalter handelt. Sinnvoller wäre es, das Frühmittelalter der Spätantike zuzuschlagen und dies auch terminologisch deutlich zu machen. Überdies scheint mir, dass die Epochengrenze um 1050 auch in Europa weit einschneidender war als der viel nahtlosere Übergang vom Hoch- zum Spätmittelalter und zur Renaissance.

Doch sei hier noch einmal auf den islamisch geprägten Kulturraum eingegangen, in dem übrigens der seldschukische Baustil im elften Jahrhundert ebenfalls einen deutlich wahrnehmbaren Bruch mit antiken (römischen und sassanidischen) Bautraditionen erkennen lässt. Im folgenden Kapitel werden die Wissenschaften, die in diesem Kulturraum gepflegt wurden, näher in den Blick genommen: Wann und wie lässt sich hier das Ende der formativen Periode erkennen?

4. Die islamische Spätantike: Die formative Periode der islamischen Wissenschaften

Das islamische Curriculum: Zwei Zeugen aus dem siebzehnten und achtzehnten Jahrhundert

Zwar hat schon Garth Fowden überzeugende Argumente geliefert, die das 5./11. Jahrhundert als dasjenige erweisen, in dem die islamische Kultur ihre *maturation,* «Reife», erlangte, doch sei das Netz noch enger geknüpft. Zunächst sollen weitere Disziplinen berücksichtigt werden, die Fowden nicht oder nur am Rande anspricht, die aber für die islamische Kultur prägend waren und sind. Sodann soll die Entscheidung, welche Werke gewissermaßen den Endpunkt der formativen Periode bilden, nicht nur aus der Sicht eines modernen Wissenschaftlers aus der Außenperspektive getroffen werden, sondern auch in Auseinandersetzung mit späten, aber noch in der klassischen Kultur verwurzelten Angehörigen dieser selbst.

Zu diesem Zweck seien zwei unverdächtige Literaten in den Zeugenstand gerufen, die überdies aus ganz unterschiedlicher zeitlicher und geographischer Perspektive schreiben. Bei dem ersten handelt es sich um einen der bedeutendsten osmanischen Gelehrten des 11./17. Jahrhunderts, der sowohl unter dem Namen Ḥāǧǧī Ḫalīfa als auch unter Kātib Čelebi (1017–1067/1609–1657) bekannt ist und zahlreiche Werke in arabischer und osmanisch-türkischer Sprache verfasst hat. Sein heute am meisten konsultiertes Werk ist betitelt *Kašf aẓ-ẓunūn ʿan asāmī l-kutub wa-l-funūn* «Die Beseitigung aller Unklarheiten über Buchtitel und Wissenschaftszweige». Es ist mehr als ein bloßer Buchkatalog, denn es behandelt ausführlich die verschiedenen wissenschaftlichen Disziplinen und unterbreitet Vorschläge, wie sie zu klassifizieren sind.

Am bedeutendsten ist sein Werk aber in der Tat dadurch, dass darin rund 14 500 Buchtitel vor allem (aber nicht nur) aus den arabisch-islamischen Wissenschaften verzeichnet sind. Stets nennt er den Verfasser des jeweiligen Buchs, ordnet es einer akademischen Disziplin zu und zitiert oft das Incipit, also die Worte, mit denen das Werk beginnt.

Dem *Kašf* lassen sich aber nicht nur Informationen über Verfasser und Inhalt der arabischen Bücher entnehmen, die in der ersten Hälfte des 17. Jahrhunderts bekannt waren, sondern auch Hinweise auf die Bedeutung, die sie im Laufe der Zeit erlangt haben. Alle wichtigeren Werke sind nämlich über die Jahre kommentiert und bearbeitet worden. So nutzten viele Autoren die Form des Kommentars, um eigene Gedanken einzubringen, und Standardwerke erfuhren häufig eine Umarbeitung zu Kurzfassungen. Viele wurden zudem in Gedichtform gebracht, was es leichter macht, sie auswendigzulernen, und natürlich gab es in Gegenschriften auch Widerspruch zu den Meinungen eines Autors. Kātib Čelebi führt nun zu jedem Buch die verschiedenen Kommentare, Kurzfassungen, Gegenschriften, Versifizierungen etc. an, die es im Laufe der Zeit erfahren hat, und fügt hin und wieder noch eine kurze eigene Bemerkung hinzu. So kann bereits die Länge des Artikels einen ersten Eindruck davon geben, wie groß die Aufmerksamkeit war, die dem jeweiligen Buch in der arabisch-islamischen Welt gewidmet wurde. Dabei zeigt sich, dass in der islamischen Tradition häufig nicht jene Werke im Mittelpunkt standen, für die sich die Orientalistik besonders interessiert hat. Es zeigt sich ferner, dass die islamische Tradition und die moderne Orientalistik auch keineswegs denselben Disziplinen ihre vorrangige Aufmerksamkeit zuteilwerden ließen. Die arabische Rhetoriktheorie liefert hier das beste Beispiel. Im Westen hat diese Disziplin nämlich wenig Beachtung erfahren. Der *Kašf* zeigt aber, dass sie unter den wichtigsten Disziplinen ganz vorne rangierte.[1]

Der zweite Zeuge ist der vielseitige und unkonventionelle jemenitische Gelehrte und Mufti von Ṣanʿāʾ, Muḥammad ibn ʿAlī aš-Šawkānī (1173–1255/1760–1839). Sein Buch *Adab aṭ-ṭalab wa-muntahā l-ʾarab*, frei übersetzt etwa «Wie man Bildung und das Ziel seiner Wünsche erlangt», entstanden um 1222/1807, ist eine Anleitung zum Studium, in dem er darlegt, wie und warum man was lernen soll. Es bietet eine übersichtliche Aufstellung der Kerndisziplinen mit einschlägigen Literaturhinweisen.

Natürlich können die Daten, die beide Texte liefern, nicht eins zu eins übernommen werden. Für die Bereiche Recht und Dogmatik sind sie überdies nicht sehr hilfreich, weil die Autoren jeweils spezielle Interessen verfolgen. Die Innenperspektive zweier prominenter und höchst unterschiedlicher Islamgelehrter aus dem siebzehnten beziehungsweise achtzehnten Jahrhundert kann aber vielfach wichtige Anhaltspunkte liefern, wie relevant einzelne Disziplinen für das islamische Curriculum waren und wann die Werke entstanden sind, die als postformativ angesehen werden können. Auf dieser Grundlage wurde nachstehende Tabelle erstellt. Bei der Auswahl der Disziplinen bin ich zunächst von aš-Šawkānīs Liste ausgegangen. Bei der Auswahl der Werke war entscheidend, dass sie sowohl als Synthese älterer Diskurse als auch als Ausgangspunkt nachfolgender Entwicklungen der jeweiligen Disziplin gelten können. Die Zahl späterer Bearbeitungen, wie sie Ḥāǧǧī Ḫalīfa verzeichnet, ist hierfür ein wichtiges Kriterium. Gelegentlich habe ich auch auf eigene Einschätzungen zurückgegriffen, deren Nichtwillkürlichkeit ich glaube plausibel verteidigen zu können.

Disziplin	Werk-titel	Autor	Lebensdaten	Ort
Grammatik (*an-naḥw*)	*al-Lumaʿ*	Ibn Ǧinnī	gest. 392/1002	5
Grammatik (*an-naḥw*)	*al-Mufaṣṣal*	az-Zamaḫšarī	467–538/ 1075–1144	1
Rhetorik (*al-balāġa*)	*Dalāʾil al-iʿǧāz, Asrār al-balāġa*	ʿAbdalqāhir al-Ǧurǧānī	gest. 471/1078	3
Rhetorik (*al-balāġa*)	*Miftāḥ al-ʿulūm*	as-Sakkākī	555–626/ 1160–1229	1
Literaturtheorie	*al-ʿUmda*	Ibn Rašīq al-Qayrawānī	390–ca. 456/ 1000–ca. 1063	9
Lexikographie (*al-luġa*)	*aṣ-Ṣiḥāḥ*	al-Ǧawharī	gest. ca. 400/1010	1, 2
Logik (*al-manṭiq*)	*al-Išārāt wa-t-tanbīhāt*	Ibn Sīnā (Avicenna)	gest. 428/1037	1, 5
Rechtsmethodologie (*uṣūl al-fiqh*) ḥanafitisch	*Uṣūl al-Bazdawī*	al-Bazdawī	400–482/ 1009–1089	1
Rechtsmethodologie (*uṣūl al-fiqh*) šāfiʿitisch	*al-Burhān*	al-Ǧuwaynī «Imām al-Ḥaramayn»	419–478/ 1028–1085	5, 8
Rechtsmethodologie (*uṣūl al-fiqh*) šīʿitisch	*ʿUddat al-uṣūl*	Abū Ǧaʿfar aṭ-Ṭūsī	385–460/ 995–1067	2, 5
Recht (*furūʿ al-fiqh*) šāfiʿitisch	*at-Tanbīh fī furūʿ aš-Šāfiʿī*	aš-Šīrāzī	393–476/ 1003–1083	4, 5
Recht (*furūʿ al-fiqh*) ḥanafitisch	*Muḫtaṣar al-Qudūrī*	al-Qudūrī	362–428/ 972–1037	5
Dogmatik (*al-kalām*) ašʿaritisch	*at-Tamhīd*	al-Bāqillānī	gest. 403/1013	5
Koraninterpretation (*at-tafsīr*)	*an-Nukat wa-l-ʿuyūn*	al-Māwardī	364–450/ 974–1058	5
Koraninterpretation (*at-tafsīr*)	*al-Kaššāf*	az-Zamaḫšarī	467–538/ 1075–1144	1

Disziplin	Werktitel	Autor	Lebensdaten	Ort
Prophetenüberlieferung (*al-ḥadīṯ*)	*as-Sunan al-kubrā*	al-Bayhaqī	384–458/ 994–1066	2
Prophetenüberlieferung (*al-ḥadīṯ*)	*Maṣābīḥ as-sunna*	al-Baġawī	433–516/ 1041–1122	2
Medizin (*aṭ-ṭibb*)	*al-Qānūn fī ṭ-ṭibb*	Ibn Sīnā (Avicenna)	gest. 428/1037	1, 5
Sufismus (*at-taṣawwuf*), Philosophie (*falsafa*)	(div. Werke)	al-Ġazālī	450–505/ 1058–1111	2, 5
Mathematik u. a.	(div. Werke)	al-Bīrūnī	362–442/ 973–1050	1, 2
Optik	*al-Manāẓir*	Ibn al-Hayṯam	354–430/ 965–1039	5, 7

Ort:
1 = Choresmien und Transoxanien (Ḫwārazm, Mā warā' an-nahr mit den Städten Buḫārā und Samarqand)
2 = Chorasan (Ḫurāsān mit den Städten Nischapur, Merw, Balch, Herat)
3 = Region südlich des Kaspischen Meers (Ṭabaristān, Ǧurǧān)
4 = Zentral- und Südiran
5 = Westiran und Irak (al-ʿIrāqān: al-Ǧibāl und al-ʿIrāq mit den Städten Rayy/ Teheran, Isfahan, Qazwīn, Hamadān, Bagdad, Kūfa, Baṣra)
6 = Nordirak (al-Ǧazīra), Syrien (Bilād aš-Šām)
7 = Ägypten
8 = Arabische Halbinsel
9 = Nordafrika (einschließlich Sizilien)
10 = al-Andalus

(1) Die Sprachwissenschaften sind die Grundlagenwissenschaften der islamischen Kultur schlechthin und spielen hier eine Rolle wie in keiner anderen Kultur. Schon in vorislamischer Zeit blühte eine arabische Kunstdichtung, die eine über den Dialekten stehende Sprachform verwendete. Diese «Sprachpflege» war eine Voraussetzung für die verblüffend rasche Einführung des Arabischen als Verwaltungssprache im ganzen Reich unter dem Kalifen ʿAbdalmalik (65–86/685–705). Schon bald setzte auch eine intensive theoretische Beschäftigung mit der Sprache ein. Ob es hierfür

Anregungen aus der griechischen und/oder syrisch-aramäischen Tradition gegeben hat, ist umstritten und wird sich kaum je endgültig klären lassen. Fest steht aber, dass schon früh eine arabische Grammatiktheorie entstand, die sich selbständig weiterentwickelte und zur Produktion zahlreicher Grammatiken und Lehrbücher führte. Diese erste Phase der teils praktischen, teils schon theoretischen Beschäftigung mit der Grammatik ließe sich als *Erkundungsphase* oder *explorative Phase* bezeichnen, um einen Analogbegriff zur *prophetischen Phase* (die ja auch eine Erkundungsphase ist) zu verwenden.

Mit der Ausarbeitung und Ausformulierung der theoretischen Grundlagen mündet die Erkundungsphase in die skripturale Phase. Die erste umfassende Darstellung der arabischen **Grammatik** stammt von dem Perser Sībawayh (gest. um 180/796), heißt schlicht *al-Kitāb* «Das Buch», und ist auch das erste «richtige» wissenschaftliche Buch in arabischer Sprache. Sībawayh stützt sich darin vielfach auf den älteren Sprachwissenschaftler al-Ḫalīl ibn Aḥmad, der um 170/786 starb. Al-Ḫalīl, der uns im Abschnitt über Lexikographie nochmals begegnen wird, wird im *Kitāb* über 600-mal zitiert. Die Zeit al-Ḫalīls und Sībawayhs bildet mithin die *skripturale* Phase der arabischen Grammatiktheorie. Es folgt eine im vollen Wortsinne *exegetische* Phase, während der die wichtigsten Werke tatsächlich Kommentare zu Sībawayhs *Kitāb* sind oder Einzelprobleme vertieft werden.

Einige Zeit später entstehen knappe, für den Unterricht geeignete Überblickswerke, allen voran *al-Ǧumal* des Grammatikers az-Zaǧǧāǧī (gest. 337/949) und *al-Lumaʿ*, das von dem universellen Sprachwissenschaftler Ibn Ǧinnī (330–393/942–1003), dem Sohn eines griechischen Sklaven, verfasst wurde. Mit dem Erscheinen solcher Handbücher und Lehrwerke, die den Stoff überblicksartig zusammenfassen, ist eine wichtige Voraussetzung gegeben, um in einer wissenschaftlichen Disziplin vom Ende der formativen Periode zu sprechen. Man könnte also die formative Phase der

Grammatiktheorie schon im zehnten Jahrhundert für abgeschlossen betrachten und damit früher, als dies in anderen Bereichen der Fall war. Angesichts der Anfänge, die doch recht früh anzusetzen sind, und der großen allgemeinen Aufmerksamkeit, die die Grammatik genoss, wäre ein solcher Befund auch nicht überraschend. Allerdings nennt aš-Šawkānī in seinem Studienratgeber weder *al-Ǧumal* noch *al-Lumaʿ*. Bei Ḥāǧǧī Ḫalīfa nimmt *al-Ǧumal* immerhin zweieinhalb und *al-Lumaʿ* eineinviertel Spalten ein. Beide Autoren sind sich dagegen darin einig, dass das wichtigste arabische Grammatikwerk dieser Art «Das ausführliche Kompendium» *al-Mufaṣṣal* des Universalgelehrten az-Zamaḫšarī (467–538/1075–1144) ist, das bei Ḥāǧǧī Ḫalīfa fünf Spalten einnimmt und auch modernen Autoren als Meilenstein gilt. Im *Mufaṣṣal* wird zwar Sībawayh am meisten zitiert, doch weicht die Anordnung völlig von der bisherigen Sībawayh-Tradition ab. Das Werk vereint also Tradition und Innovation und ist seinerseits zum Ausgangspunkt zahlreicher Kommentare geworden. Wenn nicht schon mit Ibn Ǧinnī, so doch spätestens mit az-Zamaḫšarī gelangt die formative Periode der arabischen Grammatiktheorie zur Reife. Betrachtet man die formative Periode einer Disziplin dann als beendet, wenn ihr Gegenstand in einem Handbuch auf eine auch später noch weitgehend gültige Weise zusammengefasst wird, dann kann man Ibn Ǧinnīs *al-Lumaʿ* als Endpunkt der formativen Periode der arabischen Grammatiktheorie ansetzen. Auf der Suche nach einem Handbuch, das darüber hinaus späteren Generationen selbst als Standardwerk galt, wird die Wahl auf az-Zamaḫšarīs *al-Mufaṣṣal* fallen. Ich habe in solchen Fällen beide Werke in die Übersichtstabelle aufgenommen.

(2) Für islamische Gesellschaften ist die **Rhetoriktheorie** eine Leitwissenschaft und an Bedeutung nicht zu überschätzen, mit Leistungen, die bis heute maßgeblich sind. Vom neunten Jahrhundert an entwickeln sich literaturkritische, stilistische, koranhermeneutische und sprachwissenschaftliche Rhetorikdiskurse. Griechi-

scher Einfluss macht sich am ehesten durch die Rezeption der Aristotelischen Logik und Wissenschaftstheorie bemerkbar, wohingegen die Aristotelische Rhetorik nur spät und marginal Aufmerksamkeit gefunden hat.

Wieder geht das Nachdenken über Beredsamkeit in vorislamische Zeit zurück. Die frühe Erkundungsphase findet ihren Höhepunkt in dem Werk «Die Deutlichkeit (des Ausdrucks) und die Verdeutlichung» *al-Bayān wa-t-tabyīn* von al-Ǧāḥiẓ (gest. 255/868), dem überhaupt ersten arabischen bücherschreibenden Prosaautor. Es handelt sich um ein material- und ideenreiches Sammelsurium interessanter Beobachtungen und eingängiger Beispiele, gehört in seiner unsystematischen Art aber noch ganz der Erkundungsphase an.[2] Ab dem letzten Drittel des 3./9. Jahrhunderts entstehen in rascher Folge systematische, oft hochtheoretische Arbeiten über die Stilistik von Prosa und Poesie, über rhetorische Merkmale des Korans, über Klarheit und Angemessenheit des Ausdrucks und über die guten und schlechten Verse der Dichter. Doch die einzelnen Diskurse entwickeln sich weitgehend getrennt voneinander weiter, ohne zu einer umfassenden Rhetoriktheorie zusammenzufinden.

Dies ändert sich erst mit ʿAbdalqāhir al-Ǧurǧānī, der sein ganzes Leben in der Stadt Ǧurǧān am Südostrand des Kaspischen Meers verbrachte, wo er 474/1081 (oder schon drei Jahre früher) auch verstarb. Vielleicht hat ihm gerade die Tatsache, dass Ǧurǧān schon damals eine eher langweilige Stadt gewesen zu sein scheint, die nötige Muße gegeben, um tiefer und gründlicher über die Metapher und verwandte Phänomene nachzudenken als jemals jemand zuvor – und nur wenige danach. Das Ergebnis seines Nachdenkens ist das Werk «Die Geheimnisse der Wortkunst» *Asrār al-balāġa*, das dank der Bemühungen von Hellmut Ritter auch in deutscher Sprache zugänglich ist.[3] Zusammen mit einem zweiten Werk, in dem er darüber nachdenkt, welchen Unterschied es macht, wenn man ein und denselben Sachverhalt auf verschiedene

Art und Weise formuliert, bilden seine Bücher die Grundlage der *Standardtheorie der arabischen Rhetorik*. Bildet ʿAbdalqāhirs Œuvre nun das Ende der formativen Periode oder nur das der textuellen Phase, an die sich erst eine exegetische Periode anschließt, die etwa durch ein Werk des heute vor allem als Theologe und Korankommentator bekannten Faḫraddīn ar-Rāzī (543–606/1149–1209) vertreten ist? Die formative Periode fände dann ein erstaunlich spätes Ende durch den «Schlüssel der (Sprach-)Wissenschaften» *Miftāḥ al-ʿulūm* des Linguisten as-Sakkākī (555–626/1160–1229), der in seiner choresmischen Heimat (heute in Usbekistan) die Ansätze al-Ǧurǧānīs und seiner Nachfolger zu einer umfassenden Synthese führte. Die Bedeutung as-Sakkākīs ist jedenfalls überragend. So wurde der *Miftāḥ* zahllose Male bearbeitet, und vor allem die «Kurzfassung des Schlüssels» *Talḫīṣ al-miftāḥ* von dem Ḫaṭīb Dimašq «Prediger (an der Umayyadenmoschee) in Damaskus» al-Qazwīnī (666–739/1268–1338), die ihrerseits ja nichts anderes als selbst eine Bearbeitung des «Schlüssels» ist, entwickelte sich rasch zu einem der am weitesten verbreiteten und am häufigsten bearbeiteten Bücher in der ganzen islamischen Welt. Nimmt man den Eintrag Ḥāǧǧī Ḫalīfas zum «Schlüssel» und den zu al-Qazwīnīs «Kurzfassung des Schlüssels» zusammen, erhält man mit über 17 Spalten den überhaupt längsten Eintrag in diesem Werk, die einzige Ausnahme bildet al-Buḫārīs Ḥadīṯsammlung. Diese Bedeutung wird auch von aš-Šawkānī anerkannt. Ob man nun die Reife der arabischen Rhetoriktheorie erst as-Sakkākī zuerkennen will oder bereits dem genialen Ǧurǧānī, der ja auch am Ende einer langen Fachtradition steht, ist schwer zu entscheiden. In letzterem Fall würden wir wieder im elften Jahrhundert landen, in ersterem erst um 1200.[4] In der Tabelle wurde beides verzeichnet.

(3) In der **Literaturtheorie** lassen uns beide Autoren etwas im Stich, zu verzweigt zwischen Dichtungskritik (*naqd aš-šiʿr*), Stilistik (*ʿilm al-badīʿ*) und schöngeistiger Literatur (*adab*) ist das Feld, mit jeweils sehr unterschiedlichen zeitlichen Ausprägungen. Wir

machen uns also selbst auf die Suche nach einem Werk, in dem ältere Ansätze gesammelt und zur Reife gebracht werden, und landen zwangsläufig bei dem «Pfeiler» *al-ʿUmda* des Ibn Rašīq al-Qayrawānī, der im Jahr 390/1000 geboren wurde und entweder 456/1063 oder 463/1071 starb. In diesem Buch findet man alles, was man über Dichtung wissen muss und sagen kann. Es bildet den glorreichen Abschluss einer Tradition und ist in ähnlicher Weise, soweit wir wissen, nicht wiederholt worden. Die Stilistik geht fortan andere Wege. Zum einen wird sie Teil der Standardtheorie der Rhetorik, zum anderen entstehen lange Gedichte, zumeist Lobgedichte auf den Propheten Muhammad (oder, in ihrer christlichen Variante, auf Jesus und die Jünger), die in jedem Vers mindestens ein Stilmittel veranschaulichen. Diese sogenannten *badīʿiyyāt* «Stilformengedichte» werden häufig kommentiert und zu Anthologien erweitert, die oft mehrere Bände umfassen.[5] Andere literaturtheoretische Anliegen werden unter anderem in literarischen Anthologien behandelt, die wiederum auch auf das bei Ibn Rašīq gesammelte Material zurückgreifen.

(4) Die **Lexikographie** ist ebenfalls eine sprachwissenschaftliche Disziplin mit langer und vielfältiger Geschichte, die bis ins achte Jahrhundert zurückreicht. Anders als vielfach angenommen, ging es den frühen Lexikographen nicht in erster Linie um ein besseres Verständnis des Korans, sondern primär der altarabischen Dichtung und um die Bewahrung und Überlieferung des altarabischen Kulturwortschatzes. Die Dichter des sechsten bis achten Jahrhunderts bemühten sich nicht nur um sprachliche Virtuosität, wobei sie gerne ausgefallene Wörter einsetzten, sondern benutzten auch in Arabien gängige Bezeichnungen für Pflanzen, Tiere, Landschaften und Kulturtechniken, die den Städtern des Abbasidenreichs unbekannt waren. Um dieses Erbe zu bewahren und die spätantike arabische Sprachkultur zu erschließen, entstanden von der zweiten Hälfte des 2./8. Jahrhunderts an zahlreiche Wortschatzsammlungen zu bestimmen Themen, aber auch schon umfassendere Lexika

wie das von al-Ḫalīl ibn Aḥmad (gest. 170/786), der auch ein Pionier der Grammatiktheorie war. Zur Anordnung der Wörter erfand er nicht nur ein komplexes System, das die Konsonanten eines Wortes nicht in ihrer linearen Reihenfolge, vielmehr nach einem komplizierten Permutationssystem berücksichtigt, sondern darüber hinaus noch ein ganz neues Alphabet, in dem die Buchstaben nach der Artikulationsstelle der jeweiligen Laute geordnet sind. Das herkömmliche Alphabet war ihm zu willkürlich. Letzten Endes stellte damit auch dieses Werk vor allem eine – wenn auch äußerst raffinierte – Wortschatzsammlung für Experten dar. Allmählich entstanden immer mehr umfassende Lexika, vor allem, nachdem die Einführung des Papiers den Erwerb selbst umfangreicherer Werke erleichtert hatte. Vielleicht ist es kein Zufall, dass das bislang älteste bekannte datierte Papiermanuskript – es wurde im Jahr 252/866 geschrieben – ein Lexikon ist. Es enthält große Teile des Spezialwörterbuchs «Seltene und schwierige Wörter der Prophetenüberlieferung» *Ġarīb al-ḥadīṯ* des 224/838 verstorbenen Abū ʿUbayd al-Qāsim ibn Sallām (Tafel VII).

Ein wichtiger Pionier ist der in Herat gebürtige al-Azharī (282–370/895–980). Nachdem er auf seiner Pilgerfahrt in die Gefangenschaft von Rebellen geraten war, nutzte er die Zeit, um seine «Durchsiebung des Wortschatzes» *Tahḏīb al-luġa* zu verfassen. In diesem Werk fließen erstmals alle verschiedenen lexikographischen Diskurse zusammen. Dadurch erreicht es einen Umfang von 15 Bänden in der modernen Ausgabe. Ähnlich voluminöse Lexika sind in Europa erst spät in der Neuzeit entstanden. Zu einem Nachschlagewerk für ein breiteres Publikum wurde es dennoch nicht, zumal es immer noch die für den Laien schwer handzuhabende Anordnung nach dem Prinzip al-Ḫalīls verwendete.

Das sollte sich aber schon wenige Jahrzehnte später ändern. Der Lexikograph al-Ǧawharī (gest. 400/1010 oder wenige Jahre vorher) verfasste ein Lexikon, das er *Tāǧ al-luġa wa-ṣiḥāḥ al-ʿarabiyya* «Die Krone des Wortschatzes und die korrekte Verwendung des

Arabischen» (kurz: *aṣ-Ṣiḥāḥ*) nannte. In diesem Werk werden die Lemmata erstmals in einem Wörterbuch des Gesamtwortschatzes so angeordnet, wie dies für die folgenden Jahrhunderte maßgeblich werden sollte. Dafür verwendete er das übliche und jedermann bekannte arabische Alphabet und verzichtete generell auf ein kompliziertes Anordnungssystem. Jetzt gab es ein richtiges Nachschlagewerk, das nicht nur Fachleuten zugänglich war, sondern in dem jeder Lesekundige schnell und einfach die Bedeutung eines gesuchten Wortes finden konnte. Auch unsere beiden Zeugen sind sich einig, dass die arabische Lexikographie mit dem *Ṣiḥāḥ* al-Ǧawharīs ihre formative Periode endgültig hinter sich lässt (über 4 Spalten bei Ḥāǧǧī Ḫalīfa, prominente Nennung bei aš-Šawkānī). Es war und blieb über alle folgenden Jahrhunderte und bis heute ein überaus populäres Wörterbuch. Angesichts der zahllosen Bearbeitungen, Nachträge und Debatten, die der *Ṣiḥāḥ* hervorgerufen hat (Sezgin verzeichnet 40 Titel),[6] dürfte das Urteil hier ziemlich eindeutig sein.

(5) Die **Logik,** eine jener die griechische Antike fortsetzenden philosophischen Disziplinen, die in der arabischen Gelehrsamkeit zunächst ebenfalls vorwiegend von Philosophen betrieben wurde, fand rasch auch bei einigen Sprachwissenschaftlern Aufmerksamkeit. Zwangsläufig nimmt sie ihren Ausgang vom *Organon* des Aristoteles, an dessen Seite die *Isagoge* des Porphyrios (234–ca. 305) trat, die als knappes Einführungswerk vor allem intensiv rezipiert wurde, nachdem die Logik als propädeutische Disziplin in die Rechtswissenschaften aufgenommen und Teil des Madrasa-Curriculums geworden war. «Das sicherte ihr einen festen Platz in der höheren Bildung. Zugleich bedeutet es, dass zum ersten Mal ein Teilgebiet der Philosophie Einzug in den Kanon der offiziell geförderten Wissenschaften hielt.»[7]

Diese Grenzüberschreitung geht letztlich auf al-Ġazālī (450–505/1058–1111) zurück, doch müssen wir das Ende der formativen Periode der Logik als eigenständiges Gebiet der Philosophie im

Islam wohl etwas früher ansetzen. Aš-Šawkānī ist hier wenig hilfreich, da er zwar den Basistext, die *Isagoge* des Porphyrios, nennt, dann aber nur wenige und späte Kompendien (noch dazu mit Jemen-*bias*). Ḥāǧǧī Ḫalīfa führt uns auf einen aussichtsreicheren Weg. Er sieht als Werk, das die Reifeperiode der Logik in der islamischen Gelehrsamkeit einläutet, die «Hinweise und Ermahnungen» *al-Išārāt wa-t-tanbīhāt* des Ibn Sīnā (gest. 428/1037), das bei ihm mit zweieinhalb Spalten vertreten ist.

(6) **Rechtsmethodologie** ist vielleicht eine unzureichende Übersetzung des Begriffs *uṣūl al-fiqh* «Grundlagen (wörtlich: ‹Wurzeln›) der Rechtswissenschaft». Für viele bildet sie die Krone aller Wissenschaften, für die die bisher genannten Disziplinen nur Propädeutik sind. Sie stellt die Brücke zwischen den religiösen normativen Texten (Koran und Ḥadīṯ) und dem irdischen Leben dar, indem sie nach den Methoden und den hermeneutischen Grundlagen fragt, wie sich das eine in das andere überführen lässt und welche weiteren Wege der Normgewinnung dem Juristen zur Verfügung stehen.

Die Grundlagen dieser Disziplin wurden von aš-Šāfiʿī (150–204/767–820) geschaffen, auf den sich die šāfiʿitische Rechtsschule zurückführt und dessen Grab in Kairo noch heute Verehrung genießt. Lange ging man davon aus, dass die *uṣūl al-fiqh* als Disziplin damit voll ausgebildet gewesen sei, doch ist dies, wie man heute klar sieht, keineswegs der Fall.[8] Vielmehr ist mit aš-Šāfiʿīs Pionierwerk lediglich die skripturale Phase beendet, auf die eine exegetische Phase folgt, die in jenen Werken zur Reife kommt, die der bereits erwähnte Faḫraddīn ar-Rāzī als Quellen für sein Werk mit dem Titel «Das Resultat: Über die Wissenschaft von den Grundlagen» *al-Maḥṣūl fī ʿilm al-uṣūl* heranzieht. Es sind dies «Die Stütze» *al-Muʿtamad* von Abū l-Ḥusayn al-Baṣrī (gest. 436/1044), «Die Beweisführung» *al-Burhān* des Imām al-Ḥaramayn al-Ǧuwaynī (419–478/1028–1085) und «Die Auslese» *al-Mustaṣfā* von al-Ġazālī (450–505/1058–1111). Alle diese Autoren gehören der šāfiʿitischen Rechtsschule an. Um Ḥāǧǧī Ḫalīfa gerecht zu werden, der sich hauptsächlich für die ḥanafitische Rechtsschule interessiert, sei noch das von ihm in zwei Spalten ausführlich traktierte *uṣūl*-Werk des im Jahre 400/1009–1010 geborenen und 482/1089 in Samarqand verstorbenen Abū l-Yusr al-Bazdawī genannt.

Unser Zeuge aš-Šawkānī ist hier wenig ergiebig, weil er in der Rechtsmethodologie ganz eigene, rechtsschulenübergreifende Vorstellungen hat und nur wenige, späte Lehrbücher erwähnt. Weder er noch Ḥāǧǧī Ḫalīfa interessieren sich für den schiitischen Islam, den man für unsere Überlegungen aber nicht außer Acht lassen darf. Es dürfte unstrittig sein, hier «Das Rüstzeug für die Grundlagen» *ʿUddat al-uṣūl* von aṭ-Ṭūsī (385–460/995–1067) den sunnitischen Werken an die Seite zu stellen. Wie man sieht, ist die Bedeutung des elften Jahrhunderts in der Rechtsmethodologie evident.

(7) Während die Disziplin der *uṣūl* («Wurzeln») *al-fiqh* die Normenlehre im Ganzen zum Gegenstand hat, beschäftigt sich die Wissenschaft von den *furūʿ* («Zweigen») mit den Rechtsnormen im Einzelnen. Man kann *furūʿ al-fiqh* somit als **Rechtsnormenlehre** bezeichnen. Die Handbücher der Disziplin geben einen Überblick über die Normen, die im Laufe der Zeit in der jeweiligen Rechtsschule weitgehend anerkannt wurden, aber auch Auskunft über abweichende Meinungen. In manchen Punkten sind die Meinungsverschiedenheiten innerhalb einer Rechtsschule sogar größer als zwischen den Rechtsschulen. Diese Werke sind also keine Gesetzbücher im strengen Sinn des Wortes. Oft geben sie nur einen breiteren Rahmen vor, und sie beschränken sich im Wesentlichen auf die religiöse Pflichtenlehre und das Privatrecht, während sie das Strafrecht lediglich auszugsweise (und mit geringer praktischer Relevanz) und das Staats- und Verwaltungsrecht nur rudimentär oder gar nicht behandeln. Über ihren – wenngleich häufig eher indirekten – praktischen Nutzen bildete die Rechtsnormenlehre

der *furūʿ al-fiqh* eine wichtige Identitätsgrundlage islamischer Gesellschaften.

Die im 2. und 3./8. und 9. Jahrhundert entstandenen Werke gehen zumeist entweder auf die vier Gelehrten zurück, die später je einer sunnitischen Rechtsschule ihren Namen gegeben haben, oder auf ihre direkten oder indirekten Schüler. Sie repräsentieren die skripturale Phase, auf die eine exegetische Phase folgt, in der man sich Gedanken darüber machte, wie sich die Verschiedenheit der Rechtsnormen bei den einzelnen Gelehrten erklären lässt. Schließlich entstehen als Abschluss der formativen Periode all jene kurz gefassten Rechtskompendien, die den Grundbestand der Rechtssätze einer Schule zusammenfassen und die noch über Jahrhunderte rezipiert, kommentiert und überarbeitet wurden. Wenn man sich wieder auf die šāfiʿitische und die ḥanafitische Schule beschränkt (und wiederum den Rechtsschulen-Skeptiker aš-Šawkānī beiseite lässt), ergibt sich ein ziemlich klares Bild, das aber auch bei den übrigen Rechtsschulen kaum anders ausfallen würde. Von den früheren *furūʿ*-Werken behandelt Ḥāǧǧī Ḫalīfa zwei in mehr als sechs Spalten, für die šāfiʿitische Schule zieht er die «Belehrung über die šāfiʿitischen Rechtsnormen» *at-Tanbīh fī furūʿ aš-Šāfiʿī* von aš-Šīrāzī (393–476/1003–1083) heran und für seine eigene, ḥanafitische Rechtsschule die «Kurzfassung al-Qudūrīs» *Muḫtaṣar al-Qudūrī* von al-Qudūrī (362–428/972–1037). In beiden Fällen leuchtet unmittelbar ein, dass es sich um die maßgeblichen Standardwerke handelt, von denen alle folgenden Werke ausgehen.

(8) Die Vorgeschichte der **spekulativen Theologie** und Dogmatik (*ʿilm al-kalām*) nahm ihren Anfang lange bevor es auch nur diese Bezeichnung gab. Die islamische Theologie beginnt vielmehr mit dem Koran selbst. Der Koran ist aber kein theologischer ‹Neustart›, sondern ein «Text der Spätantike», wie Angelika Neuwirth in ihrem Buch mit diesem programmatischen Titel gezeigt hat. Das Novum des Korans ist «die gemeindliche Verhandlung und theo-

logische Neuformulierung älterer Texte». Neuwirth demonstriert in ihren Arbeiten, wie «der koranische Kommunikationsprozess eigene theologische Intentionen der Gemeinde spiegelt – etwa eine vorgefundene Tradition der umgebenden Religionen zu ‹kontern›, ihr eine der eigenen, sich entwickelnden Theologie gemäße Neuformulierung entgegenzusetzen».[9] Allein diese Kontinuität, mit der der Koran und die frühe islamische Gemeinde die jüdischen und christlichen Debatten der Spätantike fortsetzen, lassen das Aufkommen des Islams als denkbar schlechte Epochengrenze erscheinen.

Diese frühen Dispute warfen neue Fragen auf, auf die der Koran keine rasche und eindeutige Antwort parat hatte, Fragen nach dem freien Willen des Menschen, der Prädestination oder der Stellung des Sünders und seines Schicksals nach dem Tod. Die christologischen Auseinandersetzungen der Spätantike setzten sich in den Debatten über die Natur des Korans fort: Ist dieser, ähnlich wie Christus «eines Wesens mit dem Vater» ist, ungeschaffen und von urewiger Existenz? Oder ist der Koran, ähnlich dem Christusbild der Arianer, zeitlich geschaffen, wie dies die Schule der Muʿtazila behauptete? Interessanterweise hat sich in beiden Religionen eher die jeweils erste Position durchsetzen können.

Die Diskussion solcher Fragen ergibt allerdings noch lange keine stringente, durchgeformte Theologie. Diese entsteht erst im Rahmen der Wissenschaft des *kalām*. Das Wort *kalām* heißt einfach nur «Rede». In seiner fachspezifischen Bedeutung wird es als «spekulative», «rationale» oder «scholastische» Theologie übersetzt. Der *kalām* ist zunächst eine vor allem von Muʿtaziliten betriebene Disziplin. Diese «Vertreter des *kalām* arbeiten mit griechischen Werkzeugen. Griechische Fachausdrücke, griechische Methoden und griechische Probleme gaben ihren Bemühungen die Richtung.»[10] So wurde das theologische Nachdenken zunehmend komplexer, aber noch immer gab es keine sunnitische oder schiitische Theologie. Zur Beantwortung der Frage, wann diese anzusetzen ist, sind unsere beiden Zeugen kaum nützlich. Es ist aber dennoch nicht schwierig, eine plausible Antwort zu finden.

Die Namensgeber der beiden wichtigsten theologisch-dogmatischen Schulen des sunnitischen Islams sind al-Ašʿarī (260–324/873–936) und al-Māturīdī (gest. um 333/944); auf sie berufen sich die Ašʿaritische und Māturīdische Schule. Tatsächlich lässt William Montgomery Watt unter Bezug auf diese Daten um 950 die «formative Periode des islamischen Denkens» enden.[11] Nach unserer, an Fowden angelehnten Definition endet zu diesem Zeitpunkt aber nur die skripturale Phase. Die wichtigsten Grundgedanken sind jetzt geäußert, aber weder al-Ašʿarī noch al-Māturīdī haben ein systematisches theologisches Kompendium hinterlassen. Hier ist der früheste Kandidat «Das Buch der Einleitung» *Kitāb at-Tamhīd* von al-Bāqillānī (gest. 403/1013). Es «gehört zu einer Kategorie langer und umfassender theologischer Abhandlungen, die man *summae theologicae* nennen könnte [...]. Es ist in der Tat das älteste dieser Werke, von dessen Existenz man Kenntnis hat.»[12] Allerdings ist al-Bāqillānī auch nur der erste Theologe überhaupt, über den man viel sagen kann, also nur bedingt ein Kandidat für das Ende einer formativen Phase. Alternativ käme der bereits im Abschnitt über die Rechtsmethodologie genannte Imām al-Ḥaramayn al-Ǧuwaynī (419–478/1028–1085) mit seinem Werk *al-Iršād* (genauer: *al-Iršād ilā qawāṭiʿ al-adilla fī uṣūl al-iʿtiqād* «Die Leitung zu den entscheidenden Hinweisen auf die Prinzipien des Glaubensbekenntnisses») infrage. «Der allgemein von al-Ǧuwaynī im *Iršād* vertretene Standpunkt ähnelt dem al-Bāqillānīs, aber die Argumente sind ausgefeilter und berücksichtigen die zahlreichen Diskussionen mit Opponenten, die in der dazwischenliegenden Zeit stattgefunden haben. Man bemerkt sofort ein größeres Interesse an den philosophischen Präliminarien zur Theologie.»[13] Ich würde zwar zu Letzterem tendieren, habe aber al-Bāqillānī in die Tabelle aufgenommen. Für die Māturīditen lassen sich die «Grundlagen der Religion» *Uṣūl ad-dīn* von Abū l-Yusr al-Bazdawī (400–482/ca. 1009–1089) anführen, der ebenfalls schon im Abschnitt über die Rechtsmethodologie erwähnt wurde. Für die imāmitisch-schiitische Theologie kann man sich wohl wieder auf Abū Ǧaʿfar aṭ-Ṭūsī (385–460/995–1067) berufen, der auch schon als Jurist in der Tabelle vorkommt.

(9) Die Disziplin des **Korankommentars** soll, so heißt es, schon vom Cousin des Propheten ʿAbdallāh ibn ʿAbbās in rudimentärer Form betrieben worden sein, aber dies ist nur das früheste Zeugnis für die Erkundungsphase. Allmählich beginnt jedoch die skripturale Phase, in der die Aussagen gelehrter und/oder frommer Männer und Frauen gesammelt und niedergeschrieben werden. Den Endpunkt dieser Periode bildet der umfangreiche Kommentar von Muḥammad ibn Ǧarīr aṭ-Ṭabarī (224–310/839–923), der, wie sein Name andeutet, aus Ṭabaristān südlich des Kaspischen Meeres stammte. Wegen der Fülle des darin enthaltenen alten Materials gilt er der Orientalistik als der «klassische» Kommentar schlechthin, aber er ist zweifelsfrei noch der formativen Phase zuzurechnen. Ich selbst würde den sehr systematischen und sowohl umfangreichen als auch übersichtlichen Kommentar *an-Nukat wa-l-ʿuyūn* von al-Māwardī (364–450/974–1058) als gewichtigen Endpunkt der formativen Periode ansehen. Unsere Zeugen und mit ihnen ein Großteil der islamischen Tradition sind indes anderer Meinung. Für sie ist es der «Enthüller» *al-Kaššāf* des hier schon als Grammatiker erwähnten az-Zamaḫšarī (467–538/1075–1144). Das Werk hat bei Ḥāǧǧī Ḫalīfa mit über fünfzehn Spalten den zweitlängsten Eintrag. Auch aš-Šawkānī räumt ihm eine Sonderstellung ein und meint sogar, dass man das gefährliche, einen leicht in Glaubenszweifel bringende Fach der spekulativen Theologie vor allem deshalb betreiben müsse, um einen Korankommentar wie den *Kaššāf* kritisch lesen zu können. Der *Kaššāf* behielt trotz der muʿtazilitischen Neigungen seines Verfassers seine herausragende Stellung bis in die Moderne. Erst seit im 20. Jahrhundert ein ideologisierter, auf Eindeutigkeit fixierter Islam die Oberhand gewann, wurde er zu-

rückgedrängt. Von den klassischen Kommentaren wird heute derjenige Ibn Kaṯīrs (gest. 747/1373) verwendet, der am wenigsten ambiguitätshaltige Kommentar der klassischen Zeit.

(10) Im **Ḥadīṯ**, dem Wissenszweig, der die Überlieferungen des Propheten Muḥammad und seiner Gefährten zum Thema hat, ergibt sich ein ganz ähnliches Bild. Auch hier haben wir eine prophetische und explorative Phase, die mit dem Propheten selbst beginnt und allmählich in eine skripturale Phase übergeht, die ihren Höhepunkt im 3./9. Jahrhundert hat, in dem die später als «Die sechs Bücher» *al-Kutub as-sitta* apostrophierten Werke von al-Buḫārī (194–256/810–870) bis zu an-Nasāʾī (215–303/830–915) entstehen. Lieber als den umstrittenen Ibn Māǧa (209–273/824–887), einen der sechs, zitieren spätere Autoren die drei *Maʿāǧim* von aṭ-Ṭabarānī (260–360/873–971), und schließlich wird man auch noch den *Mustadrak ʿalā ṣ-ṣaḥīḥayn*, eine wichtige, aber in den Augen späterer Ḥadīṯkritiker dilettantische Sammlung von al-Ḥākim an-Nīsābūrī (gest. 404/1014), dieser Phase zurechnen müssen. Es versteht sich nahezu von selbst, dass sich die westliche Forschung so gut wie ausnahmslos der Werke dieser Periode angenommen und sich um solche der nachformativen Zeit nicht gekümmert hat. Anders natürlich die islamische Tradition. Zwar nennt auch aš-Šawkānī Werke der formativen Phase und widmet Ḥāǧǧī Ḫalīfa in seinem *Kašf* al-Buḫārīs *Ṣaḥīḥ* mit über 22 Spalten den längsten Eintrag, doch beginnt aš-Šawkānī seinen Abriss der Ḥadīṯwissenschaften mit einer Reihe von späten, zum Teil sehr späten Kompendien der nachformativen Periode. Auch bei Ḥāǧǧī Ḫalīfa gehört das nach Länge der Einträge gerechnet (über sieben Spalten) zweitwichtigste Ḥadīṯwerk, die «Leuchten der Prophetentradition» *Maṣābīḥ as-sunna* des Abū Muḥammad al-Baġawī (433–516/1041–1122), der nachformativen Periode an. Mit dieser über Jahrhunderte immens populären Schrift ist die Stufe des Sammelns und der kritischen Auswahl überschritten und der Ḥadīṯ zum Gebrauchstext in islamischen Gesellschaften geworden. Eine Alternative liefert uns

aš-Šawkānī, der als ältestes unter den nachformativen Werken *as-Sunan al-kubrā* von Abū Bakr al-Bayhaqī (384–458/994–1066) nennt, das zwar ebenfalls schon als nachformativ gelten kann, aber nur innerhalb der šāfiʿitischen Gelehrsamkeit die Popularität der *Maṣābīḥ* erreichen konnte. Die Entscheidung zwischen al-Bayhaqī und al-Baġawī entspricht in etwa derjenigen zwischen al-Māwardī und az-Zamaḫšarī auf dem Gebiet des Korankommentars. Ich habe deshalb in der Tabelle jeweils beide angegeben.

(11) Weitere Disziplinen: Für die **Geschichtsschreibung** (*at-taʾrīḫ*) führt aš-Šawkānī zwei Werke an, den *Taʾrīḫ aṭ-Ṭabarī* und den *Kāmil* von ʿIzzaddīn Ibn al-Aṯīr (555–630/1160–1233). Während der bereits erwähnte Ṭabarī (225–310/839–923) mit seiner Ḥadīṯ-Methode noch deutlich in die formative Periode gehört, ist Ibn al-Aṯīr weit in der nachformativen zu verorten. Man ist versucht, zwischen beiden die ungefähre Mitte zu nehmen und landet bei den *Taǧārib al-umam* von Miskawayh (ca. 320–421/932–1030), doch ist dies angesichts der Vielfalt der historischen Gattungen und ihrer unterschiedlichen Zielsetzungen zu spekulativ. Auch Ḥāǧǧī Ḫalīfa hilft uns nicht weiter, weil zu jeder Zeit andere Geschichtsbücher wichtig waren und deshalb keines bei ihm auf mehr als eine Spalte kommt. Wir lassen also die Geschichtsschreibung beiseite und wenden uns kurz einigen Disziplinen zu, die unsere Zeugen zwar nennen, aber nicht ausführlicher behandeln. Dass für die **Medizin** der *Qānūn* des Ibn Sīnā (gest. 428/1037) heranzuziehen ist, ist für unsere Zeugen ausgemacht (aš-Šawkānī S. 226; Ḥāǧǧī Ḫalīfa 4 Spalten). Dass bei al-Ġazālī (450–505/1058–1111) verschiedene Diskurse zusammenfließen und Anstoß zu Neuem geben, ist allgemein akzeptiert. Es ist deshalb unausweichlich, al-Ġazālī als Schlussstein einer formativen Periode noch ein zweites Mal zu nennen, etwa für **Sufismus** oder **Philosophie**, falls man für Letztere nicht nochmals Ibn Sīnā heranziehen will. Ebenso selbstverständlich darf al-Bīrūnī (362–ca. 442/973–1050) nicht fehlen, hier für die **Mathematik**, und man könnte weitere Diszipli-

nen anführen. Stellvertretend für die Naturwissenschaften sei die **Optik** genannt, die Ibn al-Hayṯam (ca. 354–1039/965–1039), wie alle Naturwissenschaftler vom griechischen Erbe ausgehend, auf eine neue Grundlage gestellt hat.

Die ruhmstrahlenden Namen al-Ġazālī, Ibn Sīnā und al-Bīrūnī nennt auch Garth Fowden. Als Ergänzung wurde hier der Blick auf die einzelnen Disziplinen der arabisch-islamischen Wissenschaften gerichtet, und zwar gerade auf jene, die aus der Innenperspektive der islamischen Gelehrten besonders relevant sind, mit denen Historiker ohne islamwissenschaftlichen Hintergrund aber oft weniger vertraut sind. Das Ergebnis deckt sich völlig mit dem Befund Fowdens. Einige Disziplinen wie die Medizin haben eine lange, vorislamische Vorlaufzeit, dagegen können andere wie die Sprachwissenschaften zwar an die kultivierte Sprachpflege der vorislamischen arabischen Antike anknüpfen, beginnen aber doch weitgehend bei null. Wieder andere wie die Mathematik haben sowohl westliche als auch östliche antike Wurzeln, ehe sie ihre eigenständige Entwicklung im islamischen Umfeld nehmen. Die einzelnen Wissenschaften entwickeln sich unterschiedlich rasch und mit unterschiedlicher Dynamik. Dem verblüffenden Schnellstart der Grammatik steht die relativ langsame Entwicklung der spekulativen Theologie gegenüber, die sich lange an Einzelproblemen abarbeitet, ehe sie komplexe und konsistente Systeme ausbildet. Der langen und kontinuierlichen Entwicklung der Rechtswissenschaften wiederum lässt sich ein «Sprung nach vorne» wie in der Optik gegenüberstellen.

Wie auch immer sich die Disziplinen im Einzelnen entwickeln, den meisten ist doch gemeinsam, dass sie zwischen dem Beginn des 5./11. und der ersten Hälfte des 6./12. Jahrhunderts in eine Phase der Konsolidierung eintreten, in der verschiedene inhaltliche und formale Ansätze der formativen Zeit zusammenlaufen und eine Synthese bilden, die es ermöglicht, das Fachgebiet in Form eines übersichtlichen Handbuchs darzustellen. Oft geschieht dies in zwei

Schritten. Auf eine gedankenreiche, umfassende Synthese aus dem 5./11. Jahrhundert folgt rund ein halbes Jahrhundert später ein noch systematischeres und noch leichter zugängliches Werk, das den Grundstock der Disziplin für die folgenden Jahrhunderte bildet und noch für Gelehrte aus dem Osmanischen Reich des siebzehnten und des Jemen aus dem späten achtzehnten Jahrhundert maßgeblich ist.

Daraus ergibt sich für die Geistesgeschichte eine Periodisierung in (1) eine formative Phase vom 1./7. bis in das 5./11. (gelegentlich noch bis ins 6./12.) Jahrhundert. Es folgt (2) eine nachformative Periode mit einer kontinuierlichen Entwicklung der einzelnen Wissenschaften vom 6./12. bis zum 13./19. Jahrhundert, auf die (3) die Periode der Auseinandersetzung mit der globalisierten Moderne folgt, die bis heute andauert. Die erste dieser Perioden entspricht mithin den letzten Jahrhunderten von Garth Fowdens *First Millennium*, ist also nichts anderes als die *islamische Spätantike*. Sie ist aber auch nichts anderes als das, was man gerne das «Goldene Zeitalter» des Islams nennt. Wenn man von einem Hegelschen Modell des Aufstiegs und Niedergangs absieht, mag das Zeitalter ruhig ein «goldenes» bleiben. Die Dynamik der Entwicklung, mit der sich aus den verschiedenen (griechischen, persischen und arabischen) antiken Traditionen eine neue Kultur formte, war atemberaubend, und die Fülle neuer Ideen, die Entdeckung neuer Zusammenhänge und die Bildung neuer Wissenssysteme ist in der Tat für jeden späteren Beobachter Staunen erregend.

Was folgte, war eine postformative Zeit, in der sich Entwicklungen zwangsläufig langsamer vollziehen. Dies liegt in der Natur der Sache. Im Automobilbau beispielsweise war die Entwicklung in den 28 Jahren vom Benz Patent-Motorwagen Nr. 1 von 1886 bis zur fließbandgefertigten «Tin Lizzie» von 1914 wesentlich dynamischer und umstürzender als in den über hundert Jahren, die seitdem vergangen sind. So war auch die nachformative Epoche des Islams vielfach ein Goldenes Zeitalter, ebenso wie in der formativen Periode nicht alles Gold war, was glänzte. Die Geschichte hat hier aber den Sand, in dem das Gold lagerte, gründlicher ausgewaschen, als sie das für weniger weit zurückliegende Epochen tun konnte, und natürlich hatte eine solch lange Periode ihr eigenes Auf und Ab.

Solche langfristigen, stetigen Entwicklungen enden erst, wenn es zu einem Paradigmenwechsel kommt.[14] In islamischen Gesellschaften kam es dazu erst viele Jahrhunderte später, wie die starke Kontinuität zeigt, in der noch aš-Šawkānī steht. Dieser 1255/1839 verstorbene Autor gilt vielen als früher Vertreter einer islamischen Modernisierung. Reformer und salafistische Denker gleichermaßen befürworteten seinen Versuch, die Bindung der islamischen Jurisprudenz an die etablierten Rechtsschulen aufzuheben. Dennoch ist seine Anleitung zum Studium der islamischen Wissenschaften ein zuverlässiger Führer zum klassischen Kanon. Europa dagegen erlebte solche Paradigmenwechsel mehrmals. Nur dann aber, wenn man die postformative Periode (1) mit der dynamischeren formativen Periode und (2) mit der durch mehrere Paradigmenwechsel gebrochenen europäischen Geschichte vergleicht, kann die nachformative Phase als eine Zeit der Stagnation abgetan werden. Umso wichtiger ist es, den Zusammenhang *Erstes Jahrtausend – Islamische Spätantike – Formative Periode islamischer Kulturen* zu erkennen, um auch die Weiterentwicklung dieser Kulturen adäquat wahrnehmen zu können. Dass der Begriff des *Mittelalters* hier nur für größtmögliche Vernebelung sorgen kann, ist offensichtlich.

Das elfte Jahrhundert, ein saeculum horribile?

Die Fülle genialer Denker und Gelehrter und die große Zahl von Werken, in denen wissenschaftliche Diskurse nach ihrer formativen Zeit zur Reife kamen und die noch Jahrhunderte maßgeblich bleiben sollten, lässt das elfte Jahrhundert als ein *saeculum aureum* der islamischen Kultur erscheinen. Allerdings legt schon die regionale Verteilung der in der Tabelle genannten Autoren nahe, dass dies nicht überall so war. Gut vertreten ist nach wie vor Bagdad mit den östlich anschließenden Provinzen. Dieses Gebiet wurde oft als al-ʿIrāqān «die beiden Irak» bezeichnet, ein Dual, der einerseits den ʿIrāq meint, andererseits al-Ǧibāl. Mit dem modernen Staat al-ʿIrāq (Irak) überschneidet es sich nur im Süden. Bis zur Moderne wurde nur der Unterirak so genannt, das fruchtbare Schwemmland des antiken Babylonien, etwa von Samarra über Bagdad bis Basra. Daran schließt sich östlich bis ar-Rayy (heute Teil Teherans) das iranische Hochland an, die schlicht «das Gebirge» al-Ǧibāl genannte Region. Mit Städten wie Kufa (heute von Naǧaf in den Schatten gestellt), Qazwīn, Hamadān und Iṣfahān war dieser geographische Raum zu allen Zeiten ein bedeutendes kulturelles Zentrum. Auch im elften Jahrhundert zog er zahlreiche Gelehrte aus allen Teilen der islamischen Welt an.

Dasselbe gilt für Chorasan (Ḫurāsān), das in historischer Zeit nicht nur die gleichnamige ostiranische Provinz mit den Städten Nischapur und Mašhad umfasste, sondern auch kulturell und sprachlich dazugehörende Gebiete auf dem Territorium des heutigen Afghanistan mit den Städten Herāt und Balḫ sowie Turkmenistan mit der Stadt Marw. Im elften Jahrhundert steht diese Region ebenfalls in voller Blüte, nicht anders als die nördlich daran anschließenden Provinzen Choresmien (Ḫwārazm) und Transoxanien (Mā warāʾ an-nahr), die heute größtenteils zu Usbekistan gehören. Dieses Gebiet zwischen dem Aralsee im Norden und dem Pamir im Süden mit den Städten Buḫārā, Samarqand, Taschkent und Chiwa wird von den Flüssen Amudarya (lateinisch Oxus, arabisch Ǧayḥūn) und Syrdarja (lateinisch Jaxartes, arabisch Sayḥūn) durchzogen. Verblüffend ist der weit überproportionale Anteil von Autoren aus dieser Region, die gerade im elften und zwölften Jahrhundert zur kulturell und intellektuell produktivsten der islamischen Welt wird. Wie die Tabelle zeigt, kommen viele Entwicklungen, die im Westen als Fortsetzung antiker Traditionen begannen, zu dieser Zeit gerade dort zur Vollendung, wo sich das östliche Ende des Gebietes zwischen Mittelmeer und Hindukusch befindet.

Am anderen Ende der islamischen Welt ist zunächst die eher schwache Repräsentanz Nordafrikas nicht allzu überraschend. Wichtiger war al-Andalus, das «islamische Spanien», das in der Tabelle nicht vorkommt, weil darin die Schöne Literatur nicht berücksichtigt wird. Dabei ist gerade die Zeit der Taifa-Reiche (422–482/1031–1090), jener Königreiche, in die al-Andalus nach dem Ende der umayyadischen Herrschaft zerfiel, ein Höhepunkt in der arabischen Literaturgeschichte. Damals gründete etwa der Jurist und Belletrist Ibn Ḥazm (384–456/994–1064) die Rechtsschule der Ẓāhiriyya, die sich zwar nicht durchsetzte, aber bis heute anregend wirkt. Im Westen ist vor allem sein «Halsband der Taube» *Ṭawq al-ḥamāma* bekannt, ein Werk über Liebe, Liebestheorie, Liebesgeschichten und Liebesdichtung. Bleibenden Ruhm besonders durch seine Liebesgedichte erlangte Ibn Zaydūn (394–463/1003–1070). Eine Zeit lang fand er im Herrscher von Sevilla, al-Muʿtamid ibn ʿAbbād (431–488/1039–1095), der ebenfalls ein herausragender Verfasser vor allem von Liebes- und Weindichtung war, einen Mäzen. In al-Andalus wurde auch das Hebräische rund achthundert Jahre nach seinem Ende als gesprochene Sprache wieder für weltliche Literatur verwendet. Protagonist war der jüdische neuplatonische Philosoph und Dichter Solomon ibn Gabirol (gest. 450/1058).

Ägypten hatte zwar unter den Fatimiden einen kulturellen Aufschwung genommen, war aber noch immer kein Zentrum islamischer (und schon gar nicht sunnitisch-islamischer) Gelehrsamkeit geworden, und auch bedeutende Dichternamen sollten noch auf sich warten lassen. Das war auch nicht erstaunlich, denn *aš-šidda al-ʿuẓmā* «die große Kalamität» Ägyptens brachte «den gänzlichen Zusammenbruch des fatimidischen Staates in den sechziger Jahren des 11. Jahrhunderts» mit sich.[15] Eine vielleicht noch ärgere Heimsuchung erlitten Syrien (einschließlich Palästina) und der Nordirak, also jene Region des alten Assyriens, die damals noch nicht als Teil des Irak angesehen wurde, sondern als «die Insel» al-Ǧazīra bekannt war, das nördliche Gebiet zwischen den Flüssen Euphrat und Tigris. Dieser Raum, der bis Ende des zehnten Jahrhunderts eines der wichtigsten Zentren arabisch-islamischer Kultur, Literatur und Gelehrsamkeit bildete und dies vom Beginn des zwölften Jahrhunderts an auch wieder werden sollte, fehlt in unserer Liste völlig. Durch das verschwenderische Mäzenatentum des Fürsten Sayf ad-Dawla aus der Hamdanidendynastie (reg. 333–356/944–967) stieg Aleppo zum kulturellen Mittelpunkt seiner Zeit auf. Dort wirkten Philosophen, Sprachwissenschaftler und Literaten, allen voran al-Mutanabbī (gest. 354/965), der vielen als der bedeutendste arabische Dichter überhaupt galt und gilt. Andererseits richteten Sayf ad-Dawla und seine Dynastie durch ihre rücksichtslose Ausbeutung des Landes und ihre militärische Hybris das Land zu Grunde. Mit ihrer und der Herrschaft anderer Dynastien beduinischer Herkunft setzte eben jene Krisenzeit ein, die Syrien und den Nordirak bis ins zwölfte Jahrhundert prägte. Mit Ausnahme des Skeptikers und Misanthropen Abū l-ʿAlāʾ al-Maʿarrī (363–449/973–1058) hatte die Region über ein Jahrhundert lang keinen bedeutenden Dichter aufzuweisen und auch sonst intellektuell wenig zu bieten. Erst unter den Zangiden, die unter dem Titel Atabeg offiziell im Dienste der Seldschuken standen, sind wieder glanzvolle Namen zu verzeichnen, allen voran Ibn al-Qaysarānī und Ibn Munīr aṭ-Ṭarābulusī (beide starben 548/1153) mit ihren Lobgedichten auf Nūraddīn ibn Zangī.

Stefan Heidemann hat die ökonomische Entwicklung dieser Region minutiös nachgezeichnet. Er sieht die Hauptursache für ihren desolaten Zustand in ihrer immer stärker fortschreitenden Beduinisierung nach dem Zusammenbruch der abbasidischen Verwaltung. Beduinische Stämme, die oft vom Zeltlager und nicht von einer städtischen Residenz aus regierten, waren vor allem an der Ausbeutung des Landes interessiert. «Beduinische Vorherrschaft, politische Aufsplitterung, Hungersnot und militärische Verwüstung durch Razzien und Aufstände» charakterisierten die Region und führten zum Niedergang der Städte und zum Verfall ländlicher Siedlungen.[16] «Erst durch die Konsolidierung der seldschukischen Herrschaft [...] und ihrer Nachfolgedynastien im Laufe des 6./12. Jahrhunderts wird dieser Prozess des Niedergangs der Städte umgekehrt.»[17]

Für diesen Niedergang sowie für die große Krise Ägyptens nach 1060 liefert auch Ronnie Ellenblum reiches Material. Die Städte haben einen starken Bevölkerungsrückgang zu verzeichnen, ar-Ramla verödet weitgehend, und die jüdische Gemeinde wandert ab, einige kleinere Orte verschwinden ganz, die Wirtschaft bricht zusammen, Hungersnöte dezimieren die Bevölkerung. Als die Kreuzfahrer am Ende des elften Jahrhunderts Jerusalem erobern, erobern sie eine bereits zerstörte Stadt.[18] Auch das Oströmische Reich war betroffen, und «the period between 1027 and 1084 [...] was one marked by disastrous collapse that lasted until the mid 1080s». Und weiter: «It is almost impossible to overestimate the significance of the transformation that the empire underwent during this comparatively short time.»[19] Die Niederlage Ostroms gegen die Seldschuken in Manzikert im Jahre 1071 kommentiert Ellenblum: «The Byzantine Empire without eastern Asia Minor, Armenia and Cappadocia, which were lost forever, was no longer the same empire.»[20] Mit diesem Jahr beginnt auch Julian Chrysostomides gut begründet seinen Abschnitt über «Byzanz», der den Band 1 der Cambridge History of Turkey eröffnet.[21]

Die Ursache für diese katastrophalen Entwicklungen sieht Ellenblum in einer Klimakrise, oder eigentlich in zweien. Einerseits herrschte eine außergewöhnliche Dürre im östlichen Mittelmeerraum, andererseits fiel in Ägypten manchmal sogar mehrere Jahre hintereinander die Nilschwelle aus, was zu Teuerung, Mangel und Hunger führte. Eigentlich sind die Regenfälle im östlichen Mittelmeer und die Nilflut klimatisch voneinander unabhängig, so dass immer die eine Region der anderen in Krisenfällen aushelfen konnte.

Da nun aber beide gleichermaßen von Katastrophen geschüttelt wurden, waren die Konsequenzen umso schrecklicher. Ob allerdings die Wanderung türkischer Nomadenstämme ebenfalls klimainduziert war, wie Ellenblum meint, sei dahingestellt.[22] In den Städten Transoxaniens lässt sich bislang jedenfalls keine längerdauernde Krise erkennen. Doch wie auch immer sich die Westwanderung der Türken erklären lässt, fest steht, dass der demographische Wandel, den sie mit sich brachte, vor allem aber die völlige Neuausrichtung politischer Herrschaft die Verhältnisse im Mittleren Osten ganz und gar umkrempelte. Offensichtlich herrschten während des 5./11. Jahrhunderts gerade in den Regionen, die einstmals zum Römischen Reich gehört hatten, politisch, wirtschaftlich und kulturell desolate Zustände, von denen kaum jemand verschont blieb. Vielfach erinnern die Entwicklungen an jene, die ein halbes Jahrtausend zuvor dem Weströmischen Reich ein Ende bereiteten.

Die größten und nachhaltigsten Wirkungen brachten sicherlich die nomadischen Migrationen, gewissermaßen «Völkerwanderungen» also, die nicht nur die demographischen Strukturen, sondern auch die Machtverhältnisse umstürzten. Arabische Stämme sorgten für die Beduinisierung Syriens. Die Banū Hilāl und Banū Sulaym brachten Verwüstung und Anarchie nach Nordafrika. Ganz im Westen waren es Berberstämme, die bis nach al-Andalus vordrangen, und im Norden Syriens und des Irak stießen kurdische Stämme vor. Die stärksten Auswirkungen hatte allerdings die Migration türkischer Stämme, die sich nicht nur neue Siedlungsgebiete erschlossen, sondern bald auch in großen Teilen der Region die Herrscher stellen sollten.

Damit ging auch ein antikes Erbe zu Ende, das sich das lateinische Kaisertum, Ostrom und das Kalifat teilten, nämlich der von Almut Höfert beschriebene imperiale Monotheismus, der auch im Kalifat lange fortlebte: «Ein Gott, ein Glaube, ein Weltreich, ein Kalif als Stellvertreter Gottes: Dies war die muslimische Fortsetzung des christlichen imperialen Monotheismus.»[23] In Bagdad regierte von 422–467/1031–1075 der Kalif al-Qāʾim. Man hat dies als die «letzte Phase der Handlungsfreiheit des Kalifen vor der Ankunft der Seldschuken» bezeichnet.[24] Unabhängig von der Frage, wieviel Handlungsfreiheit al-Qāʾim tatsächlich hatte, steht fest, dass die auf ihn folgenden Abbasidenkalifen keine Repräsentanten eines imperialen Monotheismus mehr waren. Während diese aber immerhin noch repräsentative Funktionen und zeitweise noch regionale Macht bewahren konnten, erloschen die beiden Konkurrenzkalifate bald vollständig: 428/1036 starb Hišām III., der letzte umayyadische Kalif von Cordoba, und im Jahre 567/1171 beschloss auch der letzte Fatimidenkalif in Ägypten sein Leben, nachdem sein Reich schon eine lange Periode des Siechtums hinter sich hatte.

Noch eine antike Tradition ging im elften Jahrhundert zu Ende, nämlich das Heidentum, das sich in der nordmesopotamischen Stadt Ḥarrān beständig gehalten hatte. Die Religionsgemeinschaft der «Sabier», wie sie sich nach Aufkommen des Islams nannte, pflegte einen Gestirnkult mit altmesopotamischen Wurzeln. Einige ihrer Angehörigen stiegen bis in höchste kalifale Ämter auf. Im Laufe der Wirren, die den Nordirak heimsuchten, wurden sie 423/1032 oder im Jahr darauf aus ihrem Tempel vertrieben, worauf die Religionsgemeinschaft schnell erlosch.[25]

In merkwürdiger Parallele zum Verschwinden des Kleingelds im späten Weströmischen Reich verschwanden nun auch in Syrien und Nordmesopotamien die Kupfermünzen: «Von etwa der Mitte des 3./9. bis zur Mitte des 6./12. Jahrhunderts gab es im islamischen Westasien so gut wie keine indigene Kupferprägung mehr. Die Zeit, etwa vom Ende des 4./10. Jahrhunderts bis zur Mitte des 6./12. Jahrhunderts, ist die Hauptepoche des ‹Schwarzen Dirhams› […]. ‹Schwarze Dirhams› sind im Gewicht nicht regulierte, stark mit Kupfer legierte Silbermünzen, die häufig Kleingeldfunktion übernahmen.» Während aber dort, wo das Weströmische Reich gewesen war, viele Jahrhunderte lang kein Kleingeld mehr existierte, ging die kupferlose (wenngleich nicht völlig kleingeldlose)

Zeit in Westasien rascher wieder vorbei: «Ab der Mitte des 6./12. Jahrhunderts finden in einer Reihe von Herrschaften in Syrien und Nordmesopotamien Münzreformen statt, die zu einem völlig neuen Geldsystem führten: es gab wieder indigene Kupfermünzen und im Gewicht regulierte guthaltige Silberdirhams.»[26]

So sehr manche Entwicklungen auch denen der Völkerwanderungszeit im Westen ähnelten, es kam doch nur eine Art Miniaturmittelalter heraus. Die Krise dauerte nicht einmal zweihundert Jahre und war regional begrenzt. Ein Abbruch kultureller Traditionen fand nicht statt. Die Reifung der islamischen Kultur ließ sich dadurch nicht aufhalten, weil deren Zeit gekommen war. Da sie im Westen – also in Ägypten, Syrien und im Nordirak – nicht reifen konnte, tat sie es eben dort, wo die Umstände günstiger waren. Sobald die Krise vorbei war, rezipierte man auch im islamischen Westen intensiv all das, was man in der Zwischenzeit weit im Osten herausgefunden hatte. Syrien und Ägypten, nun politisch vereint, wurden in der Ayyubiden- und Mamlukenzeit wieder zu einem kulturellen Zentrum erster Ordnung. Im Osten bildete sich eine stärker persisch orientierte Kultur heraus, für die der Name Firdawsī (329–411/940–1020) steht: der Verfasser des «Buchs der Könige» *Šāhnāme*, des rund 60 000 Verse umfassenden persischen Nationalepos. Garth Fowden stellt zu Recht fest, dass das Šāhnāme zu Beginn des zweiten Jahrtausends eine neue Epoche des iranischen Geschichts- und Weltbilds einleitet.[27]

Die kulturgeographische Drift des elften Jahrhunderts ist bezeichnend. Während die Gebiete des ehemaligen Römischen Reichs darben, kommen die Disziplinen der arabisch-islamischen Wissenschaften gerade in den Ostgebieten des ehemaligen Sassanidenreichs zur Reife. Nach der Überwindung der Krise im Westen findet ein Ausgleichsprozess statt, in dem die Erkenntnisse des Ostens auch von Kairo bis Bagdad weiterverarbeitet werden. Es ist eine neue Welt entstanden, eine postantike Welt, die in vielem auf den Fundamenten der Antike ruht, aber nicht mehr Antike ist.

5. Das 11. Jahrhundert als Epochengrenze: Fazit und Ausblick

Warum es kein islamisches Mittelalter gab

Sieben Gründe wurden genannt, warum die Begriffe «Mittelalter» im Allgemeinen und «islamisches Mittelalter» im Besonderen zu vermeiden sind: Der Ausdruck «islamisches Mittelalter» ist (1) ungenau, (2) verführt zu Fehlschlüssen, (3) lässt sich von seinen negativen Konnotationen nicht ablösen und wird deshalb oft diffamierend verwendet, (4) exotisiert die islamische Welt (5) und nimmt sie gleichzeitig auf imperialistische Weise in Beschlag, (6) hat keine sachliche Grundlage, weil sich die Transformationsprozesse in der Spätantike in Europa und in Vorderasien auf ganz unterschiedliche und häufig gegensätzliche Weise vollzogen, und (7) verstellt den Blick auf die wirklichen Epochengrenzen.

Die Historiker, die im Vorwort zu diesem Buch genannt wurden, haben nicht nur die lange Tradition der Geschichtswissenschaft als Nationalgeschichte hinter sich gelassen, sondern auch gezeigt, dass man sich der Geschichte Europas nur dann wirklich annähern kann, wenn man sie ihrerseits in einen größeren geographischen und kulturellen Raum einbettet, der sich vom westlichen Mittelmeer bis zum Hindukusch erstreckt. Dies ist der Raum der romano-graeco-iranischen Antike, dessen einzelne Regionen nie unbeeinflusst voneinander waren, auch wenn die Interaktion zwischen ihnen im Lauf der Geschichte von sehr unterschiedlicher Intensität war.

Die Frage lautet nun: Wie lässt sich die Geschichte dieser Großregion sinnvoll in Perioden einteilen, die für das gesamte Gebiet Geltung haben? Hier zeigt sich, dass der Begriff «Mittelalter» nicht nur nicht weiterhilft, sondern es geradezu verbietet, die Region in der Zeit zwischen dem Ende des Weströmischen Reichs 476 und dem Ersten Kreuzzug 1096 noch als Ganzes in den Blick zu nehmen. Der westliche Teil (ohne al-Andalus) und der östliche Teil entwickelten sich nämlich seit dem fünften Jahrhundert derart rasant und tiefgreifend auseinander, dass es auf den ersten Blick nicht mehr sinnvoll erscheint, sie in einer gemeinsamen Epoche zu verorten. In fast jeder Hinsicht ähnelt die Welt des frühen Islams bis ins elfte Jahrhundert weit stärker derjenigen des tangzeitlichen China als der des «frühmittelalterlichen» Europa. Eine Gesamtschau der Region wird erst dann möglich, wenn man sich des Mittelalterbegriffs entledigt, der sich weder für die Geschichte Europas noch für die des Mittleren Ostens und Zentralasiens als irgendwie hilfreich erweist.

Hat man sich von diesem Ballast befreit, wird eine viel sinnvollere Periodisierung sichtbar. Anknüpfend an die *First Millennium*-These Garth Fowdens lässt sich der Zeitraum nach dem Untergang des Weströmischen Reiches und der arabisch-islamischen Eroberung des Sassanidenreiches sowie weiter Teile des Oströmischen Reiches als Teil der Spätantike verstehen. Weder das eine noch das andere begründet eine neue Epoche, sondern beschleunigt vielmehr *Transformationsprozesse*, die zu etwas Neuem führen sollten, das einstweilen aber noch fest auf den Fundamenten der romano-graeco-iranischen Antike fußt. Nur so, als *Transformationsprozess* und als *formative Periode,* lässt sich die Zeit zwischen 500 und 1050 in West- und Mitteleuropa einerseits und in West- und Zentralasien andererseits *ein und derselben* Epoche zuordnen. Dabei ist es zwar interessant, aber nicht epochenkonstitutiv, dass die Entwicklung in den Regionen höchst unterschiedlich und oft sogar in gegensätzliche Richtungen verläuft, beruhen ihre formativen Perioden doch auf gemeinsamen Grundlagen, seien es eher Verfalls- oder eher Aufstiegsprozesse. Im Laufe des elften Jahrhunderts nähern sich die Lebensverhältnisse in den verschiedenen Räumen einander wieder an. Vor allem ist mittlerweile überall etwas Neues entstanden, in das das antike Erbe nachhaltig eingeschrieben ist, das aber nicht mehr antik ist. Der Beginn einer neuen Epoche für die gesamte Welt zwischen Gibraltar und Hindukusch ist offensichtlich.

Ein Blick auf Afrika

Hinzu kommt ein Weiteres: Der Raum, in dem diese neue Epoche beginnt, weitet sich nach Süden. Immer größere Gebiete Afrikas werden in das wirtschaftliche und kulturelle Netzwerk einbezogen, das sich von Nordafrika bis zu den Hochgebirgen Zentralasiens erstreckt. «Dem Islam gelang es, eine Verbindung zwischen China und Ostafrika herzustellen – ähnlich wie zwischen Europa und der Sahelzone –, indem er ein weitverzweigtes Handelsnetz schuf, das weniger durch die Sprache und die Religion als durch das Rechts- und Währungssystem geeint war.»[1] Ausgedehnte Regionen nördlich des afrikanischen Urwald- und Savannengürtels «standen in Verbindung, oder besser, in engem Kontakt mit den großen Austauschkräften der islamischen Welt und haben als eine Art Peripherie daran teilgenommen. [...] Die islamische Welt entdeckt das subsaharische Afrika und eröffnet damit eine neue Ära.»[2] François-Xavier Fauvelle, der seinem Buch *Das goldene Rhinozeros* den Untertitel *Afrika im Mittelalter* gegeben hat, argumentiert überzeugend, dass die gemeinhin als «Mittelalter» bezeichneten Jahrhunderte in Afrika zwar spärlich dokumentiert sind, aber keineswegs «dunkle» Jahrhunderte waren. Ganz im Gegenteil: «Goldene Jahrhunderte – nicht dunkel, sondern vergessen.»[3]

Allerdings tut sich auch ein Afrika-Historiker keinen Gefallen, wenn er den Begriff «Mittelalter» verwendet, wie Fauvelles großartiges Buch anschaulich zeigt. Analog zum europäischen Mittelalterbegriff übernimmt er damit auch den Zeitraum «vom 8. bis zum 15. Jahrhundert»,[4] was aus zwei Gründen in die Irre führt: Zum einen verschleiert es die Kontinuitäten mit der Antike, zum anderen die Bedeutung einer tatsächlichen Epochengrenze, die in vielen Regionen wiederum um das elfte Jahrhundert herum zu suchen ist.

Das achte Jahrhundert scheint sich für Afrika kaum für eine solche Grenze anzubieten. Tatsächlich sind die von Fauvelle beschriebenen historischen Ereignisse, die sich vor dem elften Jahrhundert abspielen, entweder in spätantiken Kulturen angesiedelt oder sie sind schwache Anzeichen für Entwicklungen, die erst im oder nach dem elften Jahrhundert zur Reife kommen. Dies gilt zunächst für die christlichen nubischen Königreiche mit ihren antiken Wurzeln. Bis zur arabischen Eroberung Ägyptens standen sie unter dem Schutz des Oströmischen Reiches, waren aber auch danach immer noch dem koptischen Patriarchen Ägyptens unterstellt,[5] ehe sich die christlichen antiken Wurzeln allmählich im Sand der Geschichte verloren. Ähnlich verhält es sich mit Äthiopien und seinem christlichen Königreich von Aksum, dessen vorchristliche Geschichte zunächst eng mit dem antiken Arabien verbunden war und das in christlicher Zeit ebenfalls ein wichtiger Verbündeter des Oströmischen Reiches wurde. Das Aksumitische Reich endet nach einer langen Niedergangszeit im zehnten Jahrhundert. Erst im elften Jahrhundert wird die Stadt Aksum wieder in einer Quelle genannt.[6] Offensichtlich lässt sich auch in Äthiopien dieses Jahrhundert als Beginn einer neuen Epoche festmachen, die ihren schönsten Ausdruck in den Kirchen Lalibelas aus dem zwölften und dreizehnten Jahrhundert findet.

Auch die Geschichte der Berbervölker ist Teil der nordafrikanischen Antike. Durch den Rückgang der römischen Präsenz und die spätere arabische Eroberung setzt in Nordafrika ein Transformationsprozess ein, in dem sich die Entwicklungen des spätantiken Europa und der islamischen Spätantike vermischen. Anders verhält es sich mit Ostafrika, wo sich vielleicht schon im zehnten Jahrhundert erste Spuren von den Gründern der Swahili-Zivilisation auffinden lassen, einer Zivilisation allerdings, «die sich später ab Beginn des zweiten Jahrtausends entfaltet und weitere Niederlassungen bildet».[7] Wiederum wird das elfte Jahrhundert angesprochen, dasselbe Jahrhundert, in dem durch die Beschreibung des in Cordoba lebenden Geographen Abū ʿUbayd al-Bakrī (gest. 487/1094) erstmals jenes Reich fassbar wird, das dem damit in keiner Verbindung stehenden modernen Staat Ghana seinen Namen gegeben hat. Dem arabischen Geographen verdanken wir «die großartige und alleinige Beschreibung dessen, was infolge von Fehldeutungen und Mutmaßungen immer wieder Ghâna genannt worden ist und als der erste Moment einer glorreichen Geschichte der afrikanischen Königreiche gilt».[8]

Es bietet sich also an, die Zeit bis ins elfte Jahrhundert auch in Afrika als formative Periode zu betrachten, in der einerseits spätantike Traditionen und Kulturen verschwinden oder tiefgreifende Transformationsprozesse durchleben, andererseits die Grundlagen für die nachformativen Zivilisationen gelegt werden, die geographisch über den antiken Raum hinausgehen und vor allem islamisch geprägt sind. «Zwischen dem zweiten Drittel des 11. Jahrhunderts und der ersten Hälfte des 12. beobachten wir eine Welle von Übertritten zum Islam unter den Herrschern mehrerer politischer Gebilde von der Sahelzone und vom Atlantik bis zur großen Nigerschleife.»[9] Allerdings konvertierte nur die politische und wirtschaftliche Elite zum Islam. Die Mehrheit blieb den alten Kulten treu, die bis zur allgemeinen Islamisierung im neunzehnten Jahrhundert praktiziert und akzeptiert wurden.[10] Wieder zeigt sich, dass der Wechsel der Religion allein keine Epochengrenze markieren kann. Auch in Afrika betrifft er zunächst nur eine schmale Schicht, während die traditionellen Religionen davon weitgehend unberührt bleiben. Es ist aber ein allmählich vollzogener kultureller und vor allem wirtschaftlicher Wandel, der sich in diesen Konversionen zeigt, die eben deshalb doch als ein Merkmal zur Markierung von Epochengrenzen herangezogen werden können.

Und danach?

Nun bleibt noch die Frage, wie die Epoche nach dem Ende der formativen Periode der ausgehenden Spätantike im elften Jahrhundert zu nennen ist. Dazu ist es aber nötig, zu fragen, wann wiederum diese Epoche zu Ende geht, eine Frage, die wesentlich schwerer zu beantworten ist, als es auf den ersten Blick aussieht.

Prinzipiell kommen zwei Antworten infrage. Das erste mögliche Datum für eine Epochengrenze nach 1050 ist der Zeitraum um das Jahr 1500, mit dem man auch konventionell das «Mittelalter» enden lässt. Tatsächlich gibt es eine Häufung wichtiger historischer Daten um diese Zeit. Um nur die bekanntesten zu nennen: 1453 erobern die Osmanen Konstantinopel, 1492 bricht Kolumbus zu seiner ersten Entdeckungsfahrt Richtung Amerika auf. Im selben Jahr fällt Granada, das letzte islamische Königreich auf der Iberischen Halbinsel. 1501 treten die Safawiden die Herrschaft über Iran an, wenig später entsteht östlich davon das Mogulreich. 1517 erobern die Osmanen das Mamlukenreich, im selben Jahr veröffentlicht Martin Luther seine 95 Thesen.

Allerdings gibt es auch Einwände gegen eine Epochenzäsur um 1500. Ein wichtiger Einspruch kommt von Jacques Le Goff, der etwa darauf hinweist, dass sich die Entdeckung Amerikas erst um die Mitte des 18. Jahrhunderts wirklich spürbar in Europa bemerkbar machte. «Tatsächlich wurde Amerika erst 1778 mit der Gründung der Vereinigten Staaten zu einem Partner des Alten Kontinents.»[11] Le Goffs Einspruch gegen eine Epochengrenze um 1500 liegt damit auf der auch hier verfolgten Linie, nicht spektakuläre Ereignisse, die eine langfristige Entwicklung einleiten, zur Epochengrenze zu machen, sondern eine solche Grenze erst dann zu ziehen, wenn diese Auswirkungen allgemein geworden sind. So betrachtet lassen sich auch einige der übrigen genannten Ereignisse relativieren. Der Fall Granadas ist nur der letzte Akt einer langen Entwicklung und überdies vor allem von regionalgeschichtlicher (wenngleich von hoher symbolischer) Bedeutung. Die Eroberung Kairos durch Sultan Selim I. bedeutete für das Mamlukenreich den Übergang von einem Sultanat in ein anderes (allerdings das Ende Kairos als Hauptstadt eines mächtigen Reichs) und das Ende des Abbasidenkalifats, das allerdings auch schon 1050 nur noch regionalen Einfluss hatte, der nach 1258 allmählich verschwand. Das Oströmische Reich hatte ebenfalls lange zuvor seine alte Bedeutung eingebüßt, und Luthers Thesen – ein Einzelereignis im Laufe einer langen Reformationsgeschichte – entfalteten ihre Wirkung erst allmählich.

Andererseits machte sich die Eroberung Granadas für die jüdische und muslimische Bevölkerung der Iberischen Halbinsel, die zwangsbekehrt oder vertrieben wurde, doch sehr unmittelbar bemerkbar. Auch für die Bevölkerung Irans war der Herrschaftsantritt der Safawiden mehr als nur ein Dynastiewechsel, verfolgten diese doch, anders als ihre diversen sunnitischen oder schiitischen Vorgänger, eine offensiv pro-schiitische Religionspolitik. Kurz nach 1500 hatten sich drei Großreiche der islamischen Welt konsolidiert: das Mogulreich im Osten, das der Osmanen im Westen und dazwischen das der Safawiden. Dass sich diese Konstellation auch auf Alltag, Kunst und Kultur auswirkte, steht außer Zweifel. Ganz übergehen lässt sich die Zeit um 1500 also nicht, wenn man über Epochengrenzen nachdenkt. Dass es sich dabei um eine derart einschneidende Zäsur handelte wie im Falle des Endes der Antike, muss im Sinne Le Goffs allerdings tatsächlich bezweifelt werden, zumal der Zeitraum von der Mitte des elften bis zum Ende des fünfzehnten Jahrhunderts für eine Großepoche doch recht kurz ist.

Le Goff verfolgte mit seinem – übrigens ganz und gar auf Europa zentrierten – Ansatz vor allem das Ziel, die Renaissance als eigene Epoche infrage zu stellen. Er wollte zeigen, «dass es sowohl auf wirtschaftlichem, politischem und sozialem als auch auf kulturellem Gebiet im sechzehnten Jahrhundert, eigentlich sogar bis zur Mitte des achtzehnten Jahrhunderts, keine grundlegende

Veränderung gegeben hat, die eine Trennung zwischen dem Mittelalter und einer neuen, anderen Periode, die dann die Renaissance wäre, rechtfertigen würde».[12] Stattdessen postuliert Le Goff ein «langes Mittelalter», das erst im achtzehnten Jahrhundert endet. Tatsächlich spricht einiges dafür, dass der Umbruch, der sich in der zweiten Hälfte des achtzehnten Jahrhunderts vollzieht, einschneidender ist als die zweifellos ebenfalls wichtigen Veränderungen der Zeit um 1500. Für Europa genüge es, pauschal auf die Aufklärung und die Französische Revolution zu verweisen, die nicht nur durch die nachfolgenden Napoleonischen Kriege für alle Europäer unmittelbar spürbar wurden. Alle früheren Epochengrenzen sind nur Konstrukte von Historikern. Viele Menschen jedoch, die direkt oder indirekt die Französische Revolution und die Napoleonischen Kriege miterlebt hatten, nahmen diese Zeit selbst als epochalen Übergang wahr.

Noch wichtiger ist die Tatsache, dass sich auch der Raum, in dem sich Geschichte abspielt, stark verändert. Weltgeschichte findet von nun an nicht mehr, wie noch lange nach 1500, in geographisch vorgegebenen Großräumen statt, sondern wird global. Schon der Siebenjährige Krieg 1756–1763 wird nicht nur in Europa, sondern auch in Nordamerika, in Indien und in der Karibik ausgefochten. Infolge des Russisch-Türkischen Kriegs 1768–1774 wird das Osmanische Reich zum «kranken Mann am Bosporus», in der Schlacht von Plassey am 23. Juni 1757 steigt England endgültig zur Kolonialmacht in Indien auf. Da das Safawidenreich schon 1736 sein Ende gefunden hatte, sind nun alle drei islamischen Großreiche entweder vernichtet oder stark angeschlagen. Mit gutem Recht gilt in der Islamwissenschaft die Landung Napoleons in Ägypten 1798 als Beginn einer neuen Epoche im Nahen Osten. Anders als um 1500 sind all diese Geschehnisse nicht der Beginn eines längeren Transformationsprozesses. Teilweise sind sie Symptome schon länger andauernder Veränderungen – etwa einer allmählichen Kolonialisierung Indiens oder eines langsamen

Machtschwunds des Osmanischen Reichs –, teilweise sind es umstürzende Ereignisse, die sich sofort und unmittelbar auf alle Lebensbereiche auswirken, von der Politik über das Alltagsleben und die Kultur bis hin zur Mentalität. Gerade wenn man also Le Goffs Europafixierung überwindet, kann man ihm umso mehr zustimmen. Die zweite Hälfte des achtzehnten Jahrhunderts bildete einen wesentlich epochaleren Einschnitt als die Zeit um 1500. Damit ergäbe sich folgende Epochengliederung: Die romano-graeco-iranische Antike geht um 250 n. Chr. in eine Spätantike über, die um 1050 großräumig in eine neue Epoche eintritt, welche wiederum bis etwa 1750 andauert, wobei diese Grenzen natürlich mit einem Spielraum von mindestens fünfzig Jahren zu verstehen sind.

Wenn man mit einem Umbruch gegen Ende des achtzehnten Jahrhunderts die Moderne beginnen lässt, ergibt sich mithin eine rund siebenhundertjährige Epoche von der Mitte des elften bis zur Mitte oder zum Ende des achtzehnten Jahrhunderts, die man in zwei Unterepochen unterteilen kann, deren Grenze um das Jahr 1500 anzusetzen ist. Doch wie kann diese Epoche heißen? Der Begriff «Mittelalter» ist diskreditiert und lässt sich auch schwerlich bis ins achtzehnte Jahrhundert ausdehnen. Mit *post-* und *prä-* kommt man auch nicht viel weiter. Schließlich leben wir noch immer in einer «Postantike», und in die «Vormoderne» fällt auch die ganze Antike. So scheint es naheliegend, den Begriff der *Neuzeit* zu übernehmen, der vor allem als *Frühneuzeit* in der auf Europa zentrierten Geschichtsschreibung gut eingeführt ist. Seine eurozentrische Normativität könnte überwunden werden, wenn man ihn für einen großen Teil der Alten Welt gelten ließe, und Gründe dafür gibt es, wie gezeigt, genug. Gibt man diese Europazentriertheit auf und lässt den sinnlosen Begriff eines «Mittelalters» hinter sich, bietet sich als Beginn der Neuzeit schon das Ende der *Spätantike* in der Mitte des elften Jahrhunderts an. Die Zeit um 1500 würde dann die Grenze zwischen einer *frühen* oder *ersten Neuzeit* und einer *späteren* oder *zweiten Neuzeit* bilden, die gegen Ende des achtzehnten Jahrhunderts in die *Moderne* übergeht, eine voraussichtlich eher kurze Epoche, die vielleicht noch im Laufe des 21. Jahrhunderts in das Zeitalter des Maschinenmenschen übergehen könnte.[13] Das ist freilich Spekulation. Sicher scheint mir aber, dass die Gliederung der Geschichte in die Trias Antike – Mittelalter – Neuzeit das Nachdenken über Geschichte mehr blockiert als fördert. Vor allem steht sie einem Denken im Wege, das eurozentrische Fixierungen überwinden und größere Räume in den Blick nehmen kann. Ein Export des schon für Europa irreführenden Begriffs «Mittelalter» ist hier alles andere als hilfreich. Man sollte endgültig auf ihn verzichten.

Zur Umschrift des Arabischen

Die Umschrift aus dem Arabischen folgt den Regeln der Deutschen Morgenländischen Gesellschaft. Dabei gilt:

ā, ī, ū: Langvokale, alle anderen Vokale kurz
ʿ = [ʕ], stimmhafter pharyngaler Reibelaut
ʾ = [ʔ], Stimmabsatz wie in «Beʾamter»
ḏ = [ð], stimmhafter interdentaler Reibelaut wie englisch «these»
ǧ = [ʤ], «dsch» wie englisch «jungle»
ġ = [ɣ], Zäpfchen-r
ḥ = [ħ], stimmloser pharyngaler Reibelaut
ḫ = [x], wie deutsches «ch» nach a und u, also etwa in «Bach» und «Buch»
q = [q], stimmloser velarer Verschlusslaut, am hinteren Gaumen gebildetes «k» (nicht qu)
r = [r], stets Zungen-r
š = [ʃ], wie deutsch «sch», aber ohne Lippenrundung
ṯ = [θ], stimmloser interdentaler Reibelaut wie englisch «th» in «thing»
z = [z], stimmhaftes «s»
ḍ, ṣ, ṭ, ẓ = [ɗ, ꞩ, ŧ, ƶ], velarisiertes, «emphatisches» «d», «s», «t» bzw. «z»

Eingedeutschte Ortsnamen und Begriffe wie «Bagdad», «Damaskus» und «Kalif» werden nicht in Umschrift wiedergegeben.

Anmerkungen

1. Das «islamische Mittelalter»: Sechs Gründe dagegen

1 David Fraesdorff: Herrscher des Mittelalters: Von Karl dem Großen bis Isabella von Kastilien. Hildesheim 2008.

2 Vgl. Le Goff: Geschichte ohne Epochen?

3 Peter E. Pormann, Emilie Savage-Smith: Medieval Islamic Medicine. Washington D. C. 2007.

4 Hodgson: The Venture of Islam 1, S. 56–60.

5 Vgl. auch Bauer: Ambiguität, S. 196–198.

6 Koschorke: ‹Säkularisierung›, S. 244.

7 Ebd., S. 248.

8 Ebd., S. 245.

9 Grunebaum: Islam im Mittelalter, S. 25.

10 Ebd., S. 139.

11 Henry George Farmer: Islam (Musikgeschichte in Bildern. Bd. III, Lieferung 2), Leipzig 1983, S. 42–43.

12 Um nur drei Titel der umfangreichen Literatur über die Pyxis zu nennen: Francisco Prado-Vilar: Circular Visions of Fertility and Punishment: Caliphal Ivory Cascets from al-Andalus. In: Muqarnas 14 (1997), S. 19–41; Sophie Makariou: The al-Mughīra Pyxis and Spanish Umayyad Ivories: Aims and Tools of Power. In: Antoine Borrut, Paul M. Cobb: Umayyad Legacies. Medieval Memories from Syria to Spain. Leiden 2010, S. 313–335; Glaire Anderson: A mother's gift? Astrology and the pyxis of al-Mughīra. In: Journal of Medieval History 42 (2016), S. 107–130.

13 Hierzu ausführlich Bauer: Ambiguität.

14 Vgl. das Kapitel «Die Islamisierung des Islams» in Bauer: Ambiguität, S. 192–223.

15 Der Spiegel Nr. 7 (12. Februar 1979), S. 102.

16 Westfalenpost, 26. Januar 2017 (http://www.presseportal.de/pm/58966/3545393).

17 http://blog.nrwspd.de/2006/10/06/absurdistan-beim-bau-der-duisburger-moschee/.

18 Groebner: Das Mittelalter hört nicht auf, S. 148 f.

19 Ebd., S. 150.

20 Darauf weisen auch Linberg und Shank: Medieval Science, S. 3 f., hin, wenn sie feststellen, dass ein Problem des Moderne-Begriffs darin liegt, «that, in any

guise, modernity and early modernity are fundamentally European categories, the universalization of which is far more than academic; they implicitly turn the idiosyncrasies of European/Western history into a normative pattern and impose these expectations on vast areas of the world that are still wrestling with the legacies of colonialism. To be ‹not yet modern› is implicitly to be medieval.»

21 Aloys Behler: Im Schatten des Qat-Baums. In: Die Zeit Nr. 31 (29. Juli 1983). http://www.zeit.de/1983/31/im-schatten-des-qat-baums.

22 http://www.dw.com/de/saudi-arabien-zwischen-mittelalter-und-moderne/a-6205341.

23 http://diepresse.com/home/panorama/religion/350440/Islam-zwischen-Moderne-und-Mittelalter.

24 http://www2.hss.de/politik-bildung/themen/themen-2011/der-schwierige-weg-des-islam-in-die-moderne.html; http://www.stuttgarter-zeitung.de/inhalt.erklaerung-zum-islam-in-deutschland-der-schwierige-weg-des-islam-in-die-moderne.19422f16-6d38-4f95-871f-7d32dd3f9465.html.

25 http://www.abendblatt.de/politik/deutschland/article107660573/Der-Islam-ist-nicht-in-der-Moderne-angekommen.html.

26 http://www.tagesspiegel.de/wissen/vorlesungsreihe-was-dem-islam-zur-moderne-fehlt-/4105206.html.

27 http://de.radiovaticana.va/news/2016/08/05/mauro_piacenza_kann_der_islam_sich_moderne_werte_aneignen/1249523.

28 Schulze: Geschichte der islamischen Welt im 20. Jahrhundert, S. 12.

29 Helmut Schmidt: Sind die Türken Europäer? Nein, sie passen nicht dazu. In: Claus Leggewie (Hg.): Die Türkei und Europa. Die Positionen. Frankfurt am Main 2004, S. 162–166, hier S. 162.

30 Jürgen Gerhards: Europäische Werte – Passt die Türkei kulturell zur EU? In: Aus Politik und Zeitgeschichte B 38 (13. September 2004), S. 14–20, hier S. 14.

31 Holenstein: Philosophie-Atlas, S. 48.

32 Eine ausführliche Übersicht über diverse Positionen zum Modernebegriff bieten Ulrich Willems et al.: Moderne und Religion.

33 Zur Kritik an dieser Vorstellung vgl. Lindberg/Shank: Medieval Science, S. 2–5 mit weiteren Angaben.

34 Stefan Zweig: Die Monotonisierung der Welt. In: Stefan Zweig: Zeiten und Schicksale. Aufsätze und Vorträge aus den Jahren 1902–1942. Hg. von Knut Beck. Frankfurt am Main 1990, S. 30–39, hier S. 30, 33.

2. *Orient und Okzident im Vergleich: Von «Analphabetismus» bis «Ziffern»*

1 So der Titel einer umfassenden Darstellung der Epoche von Peter Heather; vgl. auch Ward-Perkins: Der Untergang des Römischen Reiches und das Ende der Zivilisation (Originaltitel: The Fall of Rome and the End of Civilization).

2 Heather: Untergang, S. 505.

3 Geoffrey Khan: Bills, letters and deeds. Arabic papyri of the 7th to 11th centu-

ries (The Nasser Khalili Collection of Islamic Art, vol. 6). London 1993, S. 29, 31 (Dokument Nr. 5).

4 Konrad Hirschler: Medieval Damascus. Plurality and Diversity in an Arabic Library. Edinburgh 2016, S. 2.

5 Grotzfeld: Das Bad im arabisch-islamischen Mittelalter, S. 26.

6 Ebd., S. 28.

7 Ebd., S. 29.

8 Vgl. Walmsley: Early Islamic Syria, S. 106.

9 Grotzfeld: Das Bad im arabisch-islamischen Mittelalter, S. 7.

10 Vgl. ebd., S. 42, 45–51.

11 Ebd., S. 5.

12 Vgl. ebd., S. 8.

13 Ebd., S. 7 f.

14 Mez: Renaissance des Islams, S. 35, vgl. auch S. 47–49 zu Christen in hohen Ämtern.

15 Vgl. GAS II, S. 551.

16 Ward-Perkins: Untergang, S. 117 f.

17 Ebd., S. 133. Zu den Dachziegeln des «Wüstenschlosses» am Ǧabal Says vgl. Bloch: Das umayyadische «Wüstenschloss», S. 71–73.

18 Vgl. Bloch: Das umayyadische «Wüstenschloss», S. 8–11.

19 Ward-Perkins: Untergang, S. 117.

20 Bert de Vries: Continuity and Change in the Urban Character of the Southern Hauran from the 5th to the 9th Century: The Archaeological Evidence at Umm al-Jimal. In: Mediterranean Archeology 13 (2000), S. 39–45.

21 Vgl. die aufwendig gestaltete Seite http://www.ummeljimal.org.

22 Dinzelbacher/Heinz: Europa in der Spätantike, S. 81 f.

23 Abū l-ʿAlāʾ al-Maʿarrī: The Epistel of Forgiveness. Edited and translated by Geert Jan van Gelder and Gregor Schoeler. 2 Bde. New York 2013, 2014.

24 Dinzelbacher (Hg.): Europäische Mentalitätsgeschichte, S. 39.

25 Mez: Renaissance des Islams, S. 394.

26 Dīwān aš-Šarīf ar-Raḍī. Hg. Maḥmūd Muṣṭafā Ḫalāwī. 2 Bde. Beirut 1419/1999 (Gedichte Nr. 1, 2, 19, 21, 147, 217, 394, 442, 446, 654).

27 Vgl. Walmsley: Early Islamic Syria, S. 65–66.

28 Ebd., S. 118.

29 Demandt: Spätantike, S. 332.

30 http://www.smb-digital.de/eMuseumPlus?service=direct/1/ResultLightboxView/result.t1.collection_lightbox.$TspTitleImageLink.link&sp=10&sp=Scollection&sp=SfieldValue&sp=0&sp=0&sp=3&sp=Slightbox_3x4&sp=564&sp=Sdetail&sp=0&sp=F&sp=T&sp=564

31 http://www.smb-digital.de/eMuseumPlus?service=direct/1/ResultLightboxView/result.t1.collection_lightbox.$TspTitleImageLink.link&sp=10&sp=Scollection&sp=SfieldValue&sp=0&sp=0&sp=3&sp=Slightbox_3x4&sp=588&sp=Sdetail&sp=0&sp=F&sp=T&sp=588

32 Hierzu ausführlich Bauer: Ambiguität, S. 268–290, und ders.: Ambivalent Beauty. The beard in classical Arabic love poetry (im Druck).

33 Anthologia Graeca XII 10, in: Die Griechische Anthologie in drei Bänden. Hg. und übs. Dietrich Ebener. Berlin 1991, 3:119; vgl. auch The Greek Anthology. With an English Translation by W. R. Paton. Vol. 4, London, 1916, p. 286–287.

34 Zit. nach Bauer: Ambiguität, S. 289.

35 Vgl. Thomas Bauer: Male-Male Love in Classical Arabic Poetry. In: E. L. McCallum and Mikko Tuhkanen (Hg.): The Cambridge History of Gay and Lesbian Literature. Cambridge 2014, S. 107–124.

36 Burckhardt: Renaissance, S. 137.

37 Vgl. Bauer: Liebe und Liebesdichtung, Index S. 546.

38 George Makdisi: Autograph Diary of an Eleventh-Century Historian of Baghdad. In: Bulletin of the School of Oriental and African Studies 18 (1956), S. 9–31, 239–260; 19 (1957), S. 13–48, 281–303, 426–443. Die Raubtiergeschichte findet sich in Bd. 18, S. 246, 258.

39 Die Situation der Juden in der islamischen Welt wurde in den letzten Jahren sehr kontrovers und oft auf sehr emotionale und unsachliche Weise diskutiert. Eine ausgewogene, auf fundierter Quellenanalyse beruhende Darstellung gibt Mark R. Cohen: Unter Kreuz und Halbmond. Die Juden im Mittelalter. München 2005.

40 Vgl. Ellenblum: Collapse, S. 223.

41 Heidemann: Renaissance, S. 355 f.

42 Ward-Perkins: Untergang, S. 122.

43 http://www.phil-gesch.uni-hamburg.de/edition/Numismatik/33Geschichte SpaetMA.html

44 Ward-Perkins: Untergang, S. 133.

45 Vgl. Rika Gyselen: Arab-Sasanian Copper Coinage. Wien [2]2009 (unsere Münze Typ 10b, S. 127 f.); vgl. auch Heinz Gaube: Arabosasanidische Numismatik. Braunschweig 1973.

46 Vgl. Lutz Ilisch: Sylloge Numorum Arabicorum Tübingen. Palästina IVa Bilād aš-Šām I. Tübingen 1993, Nr. 339–344.

47 Vgl. Heidemann: The Evolving Representation of the Early Islamic Empire.

48 Dinzelbacher (Hg.): Sachwörterbuch der Mediävistik, S. 482 (Abkürzungen aufgelöst).

49 Vgl. Gregor Schoeler: Muwaššaḥ und Zaǧal. In: Wolfhart Heinrichs (Hg.): Neues Handbuch der Literaturwissenschaft. Bd. 5: Orientalisches Mittelalter. Wiesbaden 1990, S. 440–464.

50 Niklas Luhmann: Liebe als Passion. Zur Codierung von Intimität. Frankfurt am Main 1994, S. 59.

51 Abū Tammām: Dīwān Abī Tammām bi-šarḥ al-Ḫaṭīb at-Tibrīzī. Hg. Muḥammad ʿAbduh ʿAzzām. 4 Bde., Kairo 1957–1965, Bd. 4, S. 241 (Nr. 291), vgl. auch Bauer: Liebe und Liebesdichtung.

52 Vgl. Thomas Bauer, Angelika Neuwirth (Hg.): Ghazal as World Literature I: Transformations of a Literary Genre. Beirut 2005; zum arabischen *ġazal* vgl. Bauer: Liebe und Liebesdichtung.

53 Dinzelbacher/Heinz: Europa in der Spätantike, S. 70.

54 Griechische, syrische, persische und indische Quellen sowie die frühen arabischen Werke sind verzeichnet in GAS III. Einen guten Überblick gibt auch Savage-Smith: Medicine in Medieval Islam.
55 Vgl. GAS III, S. 5.
56 Vgl. GAS III, S. 166–168, 206–207; Savage-Smith: Medicine in Medieval Islam, S. 142.
57 Vgl. Savage-Smith: Medicine in Medieval Islam, S. 143
58 Vgl. ebd., S. 144.
59 Leiden, Bib. Rijksuniv. MS Or. 289, Folio 124r. Zu diesem Manuskript vgl. Mahmoud M. Sadek: The Arabic Materia Medica of Dioscurides. Québec 1983.
60 Vgl. Bauer: Kultur der Ambiguität, S. 197 f.
61 Dinzelbacher/Heinz: Europa in der Spätantike, S. 88.
62 Vgl. Lindberg/Shank: Medieval Science, S. 19–21.
63 Vgl. Rageb: Islamic Culture and the Natural Sciences, S. 35; Endress: Die wissenschaftliche Literatur, S. 402–416.
64 Vgl. Endress: Die wissenschaftliche Literatur, S. 418–420.
65 Gotthard Strohmaier: Hellas im Islam. Interdisziplinäre Studien zu Ikonographie, Wissenschaft und Religionsgeschichte. Wiesbaden 2003, S. 5. Vgl. auch Franz Rosenthal: Das Fortleben der Antike im Islam. Stuttgart, Zürich 1965.
66 Vgl. Rageb: Islamic Culture and the Natural Sciences, S. 34.
67 Vgl. Charles Burnett: Translation and Transmission of Greek and Islamic Science to Latin Christendom. In: Lindberg/Shank: Medieval Science, S. 341–364, hier S. 347–349.
68 Vgl. Peter Dinzelbacher: Das fremde Mittelalter. Gottesurteil und Tierprozess. Essen 2006.
69 Carla Meyer, Rebecca Sauer: Papier. In: Meier u. a.: Materiale Textkulturen, S. 355–369, hier S. 358.
70 The History of al-Tabari. An Annotated Translation. 40 Bde. Albany 1985–2007.
71 Vgl. Chase F. Robinson: Islamic Historiography. Cambridge 2003.
72 Alan Walmsley: Early Islamic Syria, S. 45.
73 Abū Ḥāmid al-Ġazālī: Iḥyāʾ ʿulūm ad-dīn. Hg. ʿAbdallāh al-Ḫālidī. 5 Bde. Beirut 1998, 3:122. Zum Thema vgl. auch Ali Ghandour: Lust und Gunst. Sex und Erotik bei den muslimischen Gelehrten. Hamburg 2015.
74 Zu frühen Werken vgl. GAS III, Index S. 476.
75 Dinzelbacher in Dinzelbacher (Hg.): Mensch und Tier, S. 231.
76 Ausführlich Thomas Bauer: Altarabische Dichtkunst. Eine Untersuchung ihrer Struktur und Entwicklung am Beispiel der Onagerepisode. 2 Bde. Wiesbaden 1992.
77 So aber z. B. Gero von Wilpert: Sachwörterbuch der Literatur. 7. Aufl. 1989, s. v. Natureingang.
78 Ibn al-Muʿtazz: Dīwān ašʿār … Ibn al-Muʿtazz. Hg. Muḥammad Badīʿ Šarīf. 2 Bde. Kairo 1977–1978, Bd. 2, S. 178.
79 Das einschlägige Standardwerk ist Gregor Schoeler: Arabische Naturdichtung. Beirut 1974.

80 Harry Kühnel in Dinzelbacher (Hg.): Europäische Mentalitätsgeschichte, S. 573 f.
81 Dinzelbacher, Heinz: Europa in der Spätantike, S. 180.
82 Ward-Perkins: Untergang.
83 J. Sauvaget: Alep au temps des Sayf ad-Dawla. In: Al Mutanabbi. Receuil publié a l'occasion de son millénaire. Beirut 1936, S. 19–30.
84 Vgl. Otfried Weintritt: Transport in der islamischen Welt. In: Rolf Peter Sieferle, Helga Breuninger (Hg.): Transportgeschichte im internationalen Vergleich. Europa – China – Naher Osten. Stuttgart 2004, S. 238–302.
85 Vgl. EI² 1:1044 s. v. barīd; vgl. auch den Artikel ṭarīḳ und Adam J. Silverstein: Postal Systems in the Pre-Modern Islamic World. Cambridge 2007.
86 Dinzelbacher, Heinz: Europa in der Spätantike, S. 181 f.
87 Dinzelbacher (Hg.): Sachwörterbuch der Mediävistik, S. 729 (Abkürzungen aufgelöst).
88 Burckhardt: Renaissance, S. 184.
89 Vgl. Geert Jan von Gelder: The Bad and the Ugly. Attitudes toward invective poetry (Hijāʾ) in classical Arabic literature. Leiden 1988.
90 Die wenigen erhaltenen Fragmente seiner Dichtung wurden ediert von Fuʾād Naʿnāʿ in al-ʿArab 30 (1415–16), S. 28–33.
91 Vgl. Ulrich Marzolph: Arabia ridens. Die humoristische Kurzprosa der frühen adab-Literatur im internationalen Traditionsgeflecht. Stuttgart 1991.
92 Vgl. Bauer: Ambiguität, S. 343–375.
93 Harry Kühnel in Dinzelbacher (Hg.): Europäische Mentalitätsgeschichte, S. 419, 421.
94 Vgl. Thomas Bauer: Liebe zu den Zeiten der Kreuzzüge. Ibn Munīr aṭ-Ṭarābulusī (1081–1153) und Ibn al-Qaysarānī (1085–1153) zwischen Erotik und Heroismus. Würzburg, in Vorbereitung.
95 Hrabanus Maurus: De rerum naturis 19.8: «De herbis aromaticis, siue communibus»: «Ysopus herba humilis cuius radices saxum penetrant quod significat humilitatem paenitentiae siue baptismum, ut in Psaltero: Asperges me hysobo et mundabor.»
96 The Book of Plants of Abū Ḥanīfa ad-Dīnawarī. Part of the Alphabetical Section (ʾ – z). Hg. Bernhard Lewin. Uppsala, Wiesbaden 1953, S. 168.
97 Vgl. James P. Mandaville: Flora of Eastern Saudi Arabia. London 1990, S. 264 (Zur Blüte: «exceeding the calyx with one lip prominent»).
98 Vgl. Thomas Bauer: Das Pflanzenbuch des Abū Ḥanīfa ad-Dīnawarī. Inhalt, Aufbau, Quellen. Wiesbaden 1988.
99 Richard Fletcher: Ein Elefant für Karl den Großen. Christen und Muslime im Mittelalter. Darmstadt 2005, S. 64.
100 Griechische und indische Quellen sowie die Werke arabisch schreibender Mathematiker bis al-Bīrūnī sind verzeichnet in GAS V.
101 Vgl. Endress: Die wissenschaftliche Literatur, S. 413–416.
102 Vgl. ebd., S. 409, 415 und GAS V, S. 211–213.
103 Vgl. Francis Maddison, Emile Savage-Smith (Hg.): Science, Tools & Magic. Part One: Body and Spirit. Mapping the Universe. (The Nasser Khalili Collec-

tion of Islamic Art, vol. 12/1). London 1997, S. 186–241, bes. S. 208 mit Anm. 7.

104 Vgl. Barbara Finster: Arabien in der Spätantike. In: Archäologischer Anzeiger 1996, S. 287–319.

105 Vgl. A. R. al-Ansary: Qaryat al-Fau. A Portrait of Pre-Islamic Civilisation in Saudi Arabia. London 1982.

106 Sidney Smith: Events in Arabia in the 6th century A. D. In: BSOAS 16 (1954), S. 425–468; vgl. auch Bauer: Altarabische Dichtkunst, S. 254 f.

107 Angenendt: Das Frühmittelalter, S. 233 f.

108 Ebd., S. 233 f.

3. Auf der Suche nach dem ganzen Bild: Vom Mittelmeer bis zum Hindukusch

1 Koschorke: ‹Säkularisierung› und ‹Wiederkehr der Religion›, S. 238 f.

2 Le Goff: Geschichte ohne Epochen?, S. 37 f.

3 Vgl. Lindberg/Shank: Medieval Science, S. 3.

4 Vgl. Bauer: In Search of »Post-Classical Literature».

5 Vgl. Fowden: Before and After Muḥammad, S. 92–126, bes. S. 100, 104.

6 In Analogie zu «Isobare» und «Isotherme». Um eine echte Isolinie handelt es sich aber nicht, da zwar die Dialekte einer Sprache insgesamt ein Kontinuum bilden, nicht aber die in Isoglossen dargestellten Einzelphänomene.

7 Gehrke: Die Welt vor 600, S. 12.

8 Gehrke: Die Welt vor 600, S. 595.

9 Gehrke: Die Welt vor 600, S. 596.

10 Gehrke: Die Welt vor 600, S. 511.

11 Gehrke: Die Welt vor 600, S. 592–594.

12 Gehrke: Die Welt vor 600, S. 20.

13 Gehrke: Die Welt vor 600, S. 12.

14 Gehrke: Die Welt vor 600, S. 453–498.

15 Gehrke: Die Welt vor 600, S. 551–596.

16 Kinder et al.: dtv-Atlas Weltgeschichte, S. 69.

17 Kinder et al.: dtv-Atlas Weltgeschichte, S. 101, 135.

18 So auch in Kinder et al.: dtv-Atlas Weltgeschichte, S. 45, wo noch 2017 vom persischen Reich als einer «oriental. Despotie» geredet wird: «die Untertanen sind Sklaven».

19 Zur Geschichte der frühen islamischen Münzen vgl. Stefan Heidemann: The Merger of Two Currency Zones in Early Islam. In: Iran 36 (1998), S. 95–112, und ders.: The Evolving Representation of the Early Islamic Empire.

20 Vgl. Walmsley: Early Islamic Syria, S. 47.

21 Vgl. ebd., S. 23 ff., 45 f. et passim.

22 Vgl. Gehrke: Die Welt vor 600, S. 596 mit Anm. 210, S. 958.

23 Walmsley: Early Islamic Syria, S. 117.

24 Walmsley: Early Islamic Syria, S. 69–70.

25 Ebd., S. 152.

26 Ebd., S. 151, vgl. auch ebd., S. 65.
27 GAL I 245.
28 Vgl. Juan Cole: Die Schlacht bei den Pyramiden. Napoleon erobert den Orient. Stuttgart 2010, S. 39 f., 92.
29 Vgl. Bauer: In Search of ‹Post-Classical Literature›.
30 Fowden: Before and After Muḥammad, S. 15.
31 Ebd., S. 55.
32 Ebd., S. 55–68.
33 Ebd., S. 213.

4. Die islamische Spätantike: Die formative Periode der islamischen Wissenschaften

1 Vgl. Bauer: Besprechung von Simon (mit einer Aufstellung der 17 längsten Einträge im *Kašf aẓ-ẓunūn*).
2 Vgl. Lale Behzadi: Sprache und Verstehen: al-Ǧāḥiẓ über die Vollkommenheit des Ausdrucks. Wiesbaden 2009.
3 Die Geheimnisse der Wortkunst (Asrār al-balāġa) des ʿAbdalqāhir al-Curcānī. Aus dem Arabischen übersetzt von Hellmut Ritter. Wiesbaden 1959.
4 Zur Rhetoriktradition vgl. Thomas Bauer: Rhetorik: Arabische Kultur. In: Gert Ueding (Hg.): Rhetorik. Begriff – Geschichte – Internationalität. Tübingen 2005, S. 283–300 = Gert Ueding (Hg.): Historisches Wörterbuch der Rhetorik. Tübingen 1992 ff., Bd. 8 (2007), Sp. 111–137; vgl. auch Bauer: Besprechung von Simon.
5 Vgl. Thomas Bauer: Die *badīʿiyya* des Nāṣīf al-Yāziǧī und das Problem der spätosmanischen arabischen Literatur. In: A. Neuwirth, A. C. Islebe (Hg.): Reflections on Reflections. Near Eastern Writers Reading Literature. Wiesbaden 2006, S. 49–118.
6 GAS VIII 215–224.
7 Ulrich Rudolph: Islamische Philosophie. Von den Anfängen bis zur Gegenwart. 3. Aufl. München 2014.
8 Vgl. Wael B. Hallaq: Was al-Shafii the Master Architect of Islamic Jurisprudence? In: International Journal of Middle East Studies 25 (1993), S. 587–605.
9 Neuwirth: Der Koran als Text der Spätantike, S. 202; vgl. auch Neuwirth u. a. (Hg.): The Qurʾān in Context.
10 Grunebaum: Islam im Mittelalter, S. 412.
11 Watt/Marmura: Der Islam 2, S. 318.
12 Ebd., S. 396.
13 Ebd., S. 406.
14 Im Automobilbau steht durch die Verdrängung des Verbrennungsmotors und die Verbreitung computergesteuerter Fahrzeuge ein solcher Paradigmenwechsel unmittelbar bevor.
15 Heinz Halm: Die Kalifen von Kairo. Die Fatimiden in Ägypten 973–1074. München 2003, S. 400 f.

16 Heidemann: Renaissance, S. 139.
17 Ebd., S. 144.
18 Ellenblum: Collapse, S. 195, nach S. D. Goitein.
19 Ebd., S. 124 f.
20 Ebd., S. 144.
21 Julian Chrysostomides: The Byzantine Empire from the eleventh to the fifteenth century. In: Kate Fleet (Hg.): The Cambridge History of Turkey. Vol. 1: Byzantium to Turkey 1071–1453. Cambridge 2009, S. 6–50.
22 Vgl. ebd., S. 65 *et passim.*
23 Höfert: Kaisertum und Kalifat, S. 351.
24 Gerhard Endreß: Der Islam in Daten. München 2006, S. 49.
25 Vgl. Heidemann: Renaissance, S. 93 und Register.
26 Ebd., S. 16.
27 Vgl. Fowden: Before and after Muḥammad, S. 203.

5. Das 11. Jahrhundert als Epochengrenze: Fazit und Ausblick

1 Fauvelle: Das goldene Rhinozeros, S. 37.
2 Ebd., S. 21.
3 Ebd., S. 17.
4 Ebd., S. 22.
5 Vgl. ebd., S. 43–59.
6 Vgl. ebd., S. 110.
7 Ebd., S. 40.
8 Ebd., S. 73.
9 Ebd., S. 86.
10 Vgl. ebd., S. 88–90.
11 Le Goff: Geschichte ohne Epochen?, S. 115.
12 Ebd., S. 115.
13 Vgl. Thomas Bauer: Die Vereindeutigung der Welt. Stuttgart 2018.

Literatur

Aufgenommen wurden nur Werke, die mehrfach zitiert werden oder die grundlegend für die Argumentation in diesem Buch sind. Die übrigen Werke werden in den Anmerkungen vollständig zitiert. Alle Internetquellen wurden zuletzt am 21. August 2017 abgerufen.

Angenendt, Arnold: Das Frühmittelalter. Die abendländische Christenheit von 400 bis 900. Stuttgart u. a. 1990.

Bauer, Thomas: Liebe und Liebesdichtung in der arabischen Welt des 9. und 10. Jahrhunderts. Eine literatur- und mentalitätsgeschichtliche Studie des arabischen Ghazal. Wiesbaden 1998.

–: Besprechung von Udo Gerald Simon: Mittelalterliche Sprachbetrachtung zwischen Grammatik und Rhetorik. *ʿIlm al-maʿānī* bei as-Sakkākī (Heidelberg 1993). In: Zeitschrift für Arabische Linguistik 35 (1998), S. 86–90.

–: In Search of »Post-Classical Literature«. A Review Article. In: Mamlūk Studies Review 11.2 (2007), S. 137–167.

–: Die Kultur der Ambiguität. Eine andere Geschichte des Islams. Berlin 2011.

Bloch, Franziska: Das umayyadische «Wüstenschloss» und die Siedlung am Ǧabal Says. Band II: Keramik und Kleinfunde. Darmstadt 2011.

Borgolte, Michael: Christen, Juden, Muselmanen. Die Erben der Antike und der Aufstieg des Abendlandes 300 bis 1400 n. Chr. München 2006.

Brockelmann, Carl: *siehe GAL.*

Burckhardt, Jacob: Die Kultur der Renaissance in Italien. Hg. von Horst Günther. Frankfurt a. M. 1989.

Cohen, Mark R.: Unter Kreuz und Halbmond. Die Juden im Mittelalter. München 2005.

Demandt, Alexander: Geschichte der Spätantike. Das Römische Reich von Diocletian bis Justinian 284–565 n. Chr. München, 2. Aufl. 2008.

Dinzelbacher, Peter (Hg.): Sachwörterbuch der Mediävistik. Stuttgart 1992.

– (Hg,): Europäische Mentalitätsgeschichte. Hauptthemen in Einzeldarstellungen. Stuttgart 1993.

– (Hg.): Mensch und Tier in der Geschichte Europas. Stuttgart 2000.

Dinzelbacher, Peter/Werner Heinz: Europa in der Spätantike 300–600. Eine Kultur- und Mentalitätsgeschichte. Darmstadt 2007.

EI^2 = The Encyclopaedia of Islam. Second Edition. 11 Bde. und Supplementband. Leiden 1954–2004.

Ellenblum, Ronnie: The Collapse of the Eastern Mediterranean. Climate Change and the Decline of the East, 950–1072. Cambridge 2012.

Endress, Gerhard: Die wissenschaftliche Literatur. In: Helmut Gätje (Hg.): Grundriß der Arabischen Philologie. Band 2: Literaturwissenschaft. Wiesbaden 1987, S. 400–506.

Fauvelle, François-Xavier: Das goldene Rhinozeros. Afrika im Mittelalter. München 2017.

Fowden, Garth: Before and After Muḥammad. The First Millennium Refocused. Princeton, Oxford 2014.

GAL = Carl Brockelmann: Geschichte der arabischen Litteratur. 2 Bde. 2. Aufl. Leiden 1943–1949, 3 Supplementbde. Leiden 1937–1942.

GAS = Fuat Sezgin: Geschichte des arabischen Schrifttums. 17 Bde. Leiden, Frankfurt 1967–2015.

Gehrke, Hans-Joachim (Hg.): Die Welt vor 600. Frühe Zivilisationen. München 2017.

Groebner, Valentin: Das Mittelalter hört nicht auf. Über historisches Erzählen. München 2008.

Grotzfeld, Heinz: Das Bad im arabisch-islamischen Mittelalter. Eine kulturgeschichtliche Studie. Wiesbaden 1970.

Grunebaum, G. E. von: Der Islam im Mittelalter. Zürich 1963.

Ḥāǧǧī Ḫalīfa, Kātib Čelebī: Kašf aẓ-ẓunūn ʿan asāmī l-kutub wa-l-funūn. 6 Bde. Beirut 1414/1994.

Heather, Peter: Der Untergang des Römischen Reiches. Stuttgart 2007 (Original: The Fall of the Roman Empire, 2005).

Heidemann, Stefan: Die Renaissance der Städte in Nordsyrien und Nordmesopotamien. Städtische Entwicklung und wirtschaftliche Bedingungen in ar-Raqqa und Ḥarrān von der Zeit der beduinischen Vorherrschaft bis zu den Seldschuken. Leiden 2002.

–: The Evolving Representation of the Early Islamic Empire and its Religion on Coin Imagery. In: Neuwirth et al.: The Qurʾān in Context, S. 149–195.

Hodgson, Marshall: The Venture of Islam. Vol. 1: The Classical Age of Islam. Chicago 1974.

Höfert, Almut: Kaisertum und Kalifat. Der imperiale Monotheismus im Früh- und Hochmittelalter. Frankfurt 2015.

Holenstein, Elmar: Philosophie-Atlas. Orte und Wege des Denkens. Zürich 2004.

Kinder, Hermann/Werner Hilgemann, Manfred Hergt: dtv-Atlas Weltgeschichte. 42. Auflage, München 2017.

Koschorke, Albrecht: ‹Säkularisierung› und ‹Wiederkehr der Religion›. Zu zwei Narrativen der europäischen Moderne. In: U. Willems et al.: Moderne und Religion, S. 237–260.

Le Goff, Jacques: Geschichte ohne Epochen? Darmstadt 2016.

Lindberg, David C./Michael H. Shank: The Cambridge History of Science. Volume 2: Medieval Science. Cambridge 2013.

Meier, Thomas/Michael R. Ott/Rebecca Sauer (Hg.): Materiale Textkulturen. Konzepte – Materialien – Praktiken. Berlin u. a. 2015.

Mez, Adam: Die Renaissance des Islams. Heidelberg 1922 (Nachdruck Hildesheim 1968).

Neuwirth, Angelika: Der Koran als Text der Spätantike. Ein europäischer Zugang. Berlin 2010.
Neuwirth, Angelika/Nicolai Sinai/Michael Marx: The Qur'ān in Context. Historical and Literary Investigations into the Qur'ānic Milieu. Leiden 2010.
Rageb, F. Jamil: Islamic Culture and the Natural Sciences. In: Lindberg/Shank: Medieval Science, S. 27–61.
Savage-Smith, Emilie: Medicine in Medieval Islam. In: Lindberg/Shank: Medieval Science, S. 139–167.
aš-Šawkānī, Muḥammad ibn ʿAlī: Adab aṭ-ṭalab wa-muntahā l-ʾarab. Hg. ʿAbdallāh Yaḥyā as-Surayḥī. Ṣanʿāʾ 1419/1998.
Schulze, Reinhard: Geschichte der islamischen Welt im 20. Jahrhundert. München 1994.
Sezgin, Fuat: *siehe GAS.*
Walmsley, Alan: Early Islamic Syria. An Archaeological Assessment. London 2007.
Ward-Perkins, Bryan: Der Untergang des Römischen Reiches und das Ende der Zivilisation. Darmstadt 2007 (Original: The Fall of Rome and the End of Civilization, 2005).
Watt, William Montgomery/Michael Marmura: Der Islam. 2. Politische Entwicklungen und theologische Konzepte. Stuttgart 1985.
Willems, Ulrich/Detlef Pollack/Helene Basu/Thomas Gutmann/Ulrike Spohn (Hg.): Moderne und Religion. Kontroversen um Modernität und Säkularisierung. Bielefeld 2013.

Bildnachweis

Tafel I: © akg-images/Album/Oronoz
Tafel II: Aus: Geoffry Khan, Bills, Letters And Deeds. Arabic Pypyri of the 7th to 11th Centuries (The Nasser C. Khalili Collection of Islamic Art, Bd. VI), Oxford 1993, S. 31
Tafel III, oben und unten: © Thomas Bauer
Tafel IV, oben und unten: © bpk/Museum für Islamische Kunst, SMB
Tafel V: © Thomas Bauer
Tafel VI: © akg-images/Werner Forman
Tafel VII: © Jan Just Witkam
Tafel VIII: Aus: Islamic Art in the Kuwait National Museum. The al-Sabah Collection. Hg. von Marilyn Jenkins, Sotheby 1983, S. 39
Seite 20: © DER SPIEGEL 7/1979

Personenregister